地球沸騰化《ちきゅうふっとうか》時代を生きぬく

——世直《よなお》りの秋《とき》が来た——

内藤 勝 編著

はじめに

現代人は、自然の摂理に従って生きねばならない、と言う鉄則を忘れてしまった。暑い日には、暑いように行水でも取って涼を求める。寒い日には、下着を増やす。オーバーを着る等、工夫して生きて来た。

現代は、エアコンのボタンを押すだけで涼や暖が得られる。自然をボタンで管理しているかのようである。

昭和三〇年代は、外に出る時は、バスや鉄道を使用するのが普通であった。しかし現在は、自家用車で玄関から何処へでも行きたい所へ行ける。これを可能にしているものは、化石エネルギーである。車は、直接ガソリンを消費して動く。電気自動車にしても七三%が石炭等の化石燃料から電源を得る。電気自動車になってもリチウム電池の製造に膨大なエネルギーと二酸化炭素（CO_2）を費やす。エアコンの我国の電源は、七三%化石燃料である。当然それに比例したCO_2等の排ガスが出る。**その排ガスを人類の共通の生存の場である大気中に捨てて来た。地球温暖化効果ガス（メタン等を含む）は世界全体で年間五七四億ｔ（二〇二一）に及ぶ。既にCO_2は、一九〇〇億Ｇｔの放**

出があったと予測されている。他方、大気が受け入れられる量は、一〇〇〇億Gt位であろう、とパリ協定で予測されている。残りの炭素予算は、後数年と言う計算になろう。ある者は、このような数字は科学的根拠が薄いと批判する人もいる。しかし、CO_2の増加から地球の温暖化が進んでいる。今後、一℃の気温上昇が地獄を作るであろう。既に世界では、山火事、都市の沸騰化、巨大ハリケーンの頻発、高潮、洪水、旱魃、作物の凶作、食料危機が発生している。

我国では、令和五（二〇二三）年七月には温暖化を超え、地球沸騰化の時代に突入したようだ。同年の八月二八日には、台風（九・一〇・一一号）が三つ同時に発生した。CO_2が増加し温暖化が進み海水温が二七℃以上に上昇したからである。排ガスが自然の浄化力を超えてしまったのである。

このような状態になっても多くの人は、エアコンを止められない。「熱中症になる」からである。大気を暑くしたのは人である。だからその排ガスを人が、減少させねばならない。しかし、排ガスを排出するボタンを押し続け、自分で自分の首を絞める時代に成ってしまった。車も同様であろう。異常気象から地球沸騰化の状況に成ってもメーカーもユーザーも車を止めない。命よりも紙幣や便利さが大切なのだ。

車やテレビを輸出してドル紙幣を得るのが合理的だと信じて来た。それが、大量のCO_2を排出し異常気象をもたらしてきた。他方、TPP（環太平洋連携協定）により車輸出の見返りに、米や野菜を輸入した。

令和五年、地球沸騰化の夏が来た。高温により米は、凶作、半作になった。七六万ｔも輸入された米によって低米価が続いていた。二つのパンチにより農業は崩壊の危機にある。有史以来、國の土台たる農業が破壊され食料と酸素の供給源を失うのである。つまり命の土台を破壊したのだ。

「命か紙幣か？」選択の時期が来た。命が大切ならば、スポーツカーなどは禁止すべきである。スポーツのナイター中継なぞも中止すべき時代が来た。平地の少ない日本のゴルフ場は、家庭菜園にする。又は、植林してCO_2を吸収し酸素（O_2）を供給する場にする時代が来たのだ。今後、一ｇのCO_2の排出は、一ｇ分の子や孫の命を削ると悟らねばならない。宇沢弘文は「…交通は、歩くとか自転車に…（車でなく）鉄道を中心とすべきだ。車は重いものを運ぶ、病人の移動とかに限定しないと（エントロピーの増加により）持続可能な生活を営むことは難しい」と、警告を発していた。(注一)

人は、「**自然の摂理の下に生きなければ成らない**」と言う絶対の理を「欲」が隠してしまった。これが合理主義という仮面を被った、欲望の風船が膨らみパンク寸前の時期になった。

何れ「越すに越せない日が来る」。その後「底の底をついてから世直り国替えに成る」と道の人は教えられてきた。現代は、化石燃料や原発を使用して高度な生活ができる仕組みの中で生きている。それは命の母体たる自然を破壊、汚染するメカニズムでもある。これを誰も是正する事が出来ない。そこで自然を破壊し尽くし、人類が絶滅する寸前に「天のお灸を戴く」のであろう。次のような示唆がある。

……心の埃《ほこり》は　いくら掃除をしても仕切れない
それが　溜まり過ぎると　自然が浄める……
『教の泉』一六九頁

以下、第一章で現代社会と欲望が生み出している問題点を各専門家の意見を基に考察する。

第二章で「頭の限界からみたまの時代へ」の流れの必然性を述べる。

第三章以下に於いて具体的に「みたま」と「理」について道友の体験より説明したい。そして「理の通り生きるのが　國の為でありしあわせ」なのだ、と悟って頂ければ幸いである。

これは、有史以来、人類が経験する始めての世界であるから分かり難いであろうが、全部真実である。

令和五年（二〇二三）一二月八日

注一

『エネルギー経済とエコロジー』室田武著・晃洋書房・二〇〇六年、二一五頁の中の対談で「経済学は、大気や水の循環、農業のもつ意義を切り捨てて来た」、ここから自然の破壊が生じて来た、と宇沢は指摘していた。

目次

第一章

地球沸騰化時代が来た…紙幣《おかね》よりも命…

東京・内藤　勝

一　地球沸騰化の対応策はあるのか？

あたらしい道は「……國が危ない……國が危ない……」という松木草垣女史の音《おん》（声）から始まった。（注一）それは、昭和二七（一九五二）年一二月六日の事であった。このままでは「……あらあら一〇〇年で人類は終わる」。この意味を当時、誰も分らなかった。最近分かった事であるが「この年から自然の摂理を破る事に成った」。（二十四頁の図1-3を参照されたい。二七年ころから化石燃料消費が増加し、二酸化炭素濃度が急に増加し、自然を汚染、破壊し始めた。）

昭和二七年は、衣食住が戦前の水準に戻った年であった。それを超え、物金《ものかね》を持つのが「幸福」だと皆が信じ始めた年であった。この頃を境に自然のブレーキを壊し欲望が暴走し始めたのであった。我国のみならず世界で自然を汚染、破壊し始めたのである。命の土台を破壊し始めたのであった。

地球に生命が誕生して以来、自然の摂理に順応して人は生きて来た。万物の長である人類がそれを破ったのは、明治期（明治二七年以後産業革命頃）であった。更に大きく破ったのは、朝鮮戦争以後であった。その時、天はおやかた様を台として「國が危ない」と警告した。この意味を誰も理解出来なかった。

私は、昭和二五年四月に小学一年に入学した。五〇人の同級生の内《うち》、四から五人は、父が戦死していた。このような家庭は昼の弁当が食べられなかった。二七年の冬の雪の降る日のことであった。私にはゴム長靴が無く、下駄で登校した。下駄には雪が挟まり歩けなくなった。そこで裸足のまま約三〇〇ｍを歩き学校の門をくぐった。教室には、ダルマストーブに石炭が焚かれ暖かかった。統計上戦前の水準に生活が戻ったと言っても、庶民の生活はこのようなものであった。

天気の良い日は、帰宅するや下駄から藁草履にはきかえて遊んだ。相撲や野球をするときは皆裸足であった。このような生活環境から「経済成長」願望が生まれて来た。物がより豊かなら幸福である。収入がより多ければ幸福である。一億の国民が、豊かさや便利さを求めたのである。それは、大量の石炭、石油等の化石燃料を消費することであった。大量の化石燃料の消費は、エントロピー（エネルギー汚れ）の法則に従って、それに比例した大気汚染物質（特にCO_2）が排出される。後述するように我が国だけでなく世界中が、大量の化石燃料の消費よって経済成長を目指した。それは、自然回帰を越える量となった。産業構造からみれば農業中心から工業中心に代わることでもあった。しかし、ここに大問題が隠されていた。

二　農は「生産」、工は「二つの負を伴う製造」

例えば、畑で大根や小麦などの農作物を作る。これを「生産」と呼ぶ。工場で自動車を作る。これも既存の経済学では、「生産」と呼ぶ。しかし、作物は、太陽エネルギーと雨（水）を作物が農地の上で受け取り光合成により有機物（小麦）が文字通り「生産」される。農作物は、人に食料を供給するだけでなくCO_2を吸収し酸素（O_2）を放出する。他方、車は鉄、銅、アルミ、マンガン、リチウム等の鉱物を熱で精錬し、加工して車が製造される。これは、鉱物資源を消費するというマイナスが生まれる。製造すればするほど地球上の鉱物は劣化し減少する。更に製造と使用過程において化石燃料が消費され排ガス（主にCO_2）を排出するマイナスが生まれる。製造には、この二つの負を伴う。レイゲン(注二)が指摘したように生産と製造では、根本的に異なるである。現代の地球温暖化、沸騰化の問題は、生産と製造を混同したところから生じた。

市場は、この両者を区別する機能を持たない。価格を尺度とし利潤を求めるのが自由市場である。ここでは、米や小麦よりもルイ・ビトンやスポーツ・カーに価値を置くことがある。しかも製造に伴う廃棄ガスは市場に商品が乗る前に見落とされて来た。エントロピーの視点を欠いた世界が続いてしまった。これが、地球温暖化、沸騰化の原因でもある。

平成九（一九九七）年の京都議定書の作成以来、世界環境問題の悪化を議論してきた。しかし、各国の利害が異なりあまり改善されない。

令和五（二〇二三）年七月、ＮＨＫのニュースは、熱中症を避けるために冷房を使用して下さい、とアナウンスするようになった。つまりエアコンを使用して下さい。その結果、CO_2が増加し地球の沸騰化をもたらしても仕方ないという悪循環の世に陥ってしまった。

国連のグテーレス事務総長は「最早、地球温暖化を超えて地球沸騰化の時代が来た」と同年七月一日、世界に警告を発した。この原因は、世界の先進二〇カ国にあると断言した。

これを聞いた米、中、欧、日、印、露の人々は、どのような対応するのだろうか。これらの国々の国民は、「経済成長が幸福をもたらすと信じている」。そして、自然の摂理に従った行動するのをいつの間にか忘れてしまった人々のようだ。

令和二（二〇二〇）年、人為による地球温暖化効果ガスの排出量（メタン・フロンガス等を含む）は、世界全体で五四〇億ｔに上る。我国では、令和三（二〇二一）年は、一一億二二〇〇万ｔである。これをゼロにするように世界も日本もめざさねばならない。しかし、自動車産業一つとっても、現代人は、自家用車を鉄道やバスや自転車に戻そうとする考えは無い。現在は、自然の恩恵を忘れ、命の元を忘れた有史以来の危機である。

三　地球と人類の危機……各専門家の見解

先見の明のある方が昭和四十年代から「国の危機を警告」してきた。次の四冊は戦後の経済膨張とこれから迎える結末を示してくれている。

(A)『人類は滅びるか?』(今西錦司・川喜田二郎、小松左京著　筑摩書房　一九七〇)
(B)『人類は二十一世紀に滅亡する?』(糸川英夫著　徳間書店　一九九四)
(C)『地球文明の寿命』(松井孝典・安田喜憲著　PHP研究所　二〇〇一)
(D)『人類は八〇(二〇八〇)年で滅亡する』(西澤潤一・上野勛黄共著　東洋経済新報社　二〇〇一)

右の四冊からそれぞれ重要と思われる所を抽出して、先人の指摘を検討しながら、合わせて、あたらしい道の天からのお示しを軸にして「日本の危機」について考え、その時が来たら周章狼狽することなく、くるべき時が来たと肝を据えて完爾として過せる心づくりをして戴きたい。

(A)『人類は滅びるか?』から学びとれること

今西錦司は、大都市における地震の危機を指摘していた。この書の要点だけを要約する。

大都市に人口が集中する事は、大地震による被害も大きくなる。

都市を代表的な棲み家とする文明は、都市と共に**滅亡する事になるであろう。**（二一五頁）

今西・川喜田・小松の三人が討論されたのは、昭和四五（一九七〇）年一〇月であった。この時期、経済成長は順調であった。池田勇人、佐藤栄作、田中角栄が首相を務めた時代であった。他方、チッソ水俣病、四日市喘息等の公害が社会問題となる。この前後、経済膨張（成長ではない）に伴って排ガスが増加し大気汚染が深刻に成って行った。それが地球温暖化をもたらし人類の危機になるとは、当時誰も予想できなかった。米ソの核兵器開発競争に始まる米ソの冷戦が、世界の大きな話題と成っていた。

しかし、今西は経済成長による工業化は地方の農民を都市に大量に移動させていると見ている。欲望が都市に人々を集中させたとも言えよう。地方は、農林水産業を基礎に田畑や山や海に人々が分散し住んでいる。水田、畑、山林等の空間が安全を確保してくれていた。

ところが、人々は商工業による経済膨張によって東京、名古屋、大阪、福岡、札幌等の大都市に必要以上の人口、過剰人口が移動していった。都市への人口集中は、大地震によって壊滅する危険性も高くなる。

平成三〇（二〇一八）年、一億二八八〇万の人が、この日本国に住んでいる。その仕組みは、車やオートバイ、機械等を輸出し大量の小麦、大豆、トウモロコシ、米、牛肉、牧草等を輸入している。その結果、日本の農地に頼らないで六二％の人が生存している。その余波が人口の都市への集中である。平成二七（二〇一五）年、東京の人口は約一三五一万人、大阪が約八八四万人、福岡は約五一〇万人と各都市が、過剰と思われる人口を抱えている。

他方、日本は地震頻発国でもある（図1の1を参照）。北米プレート、フィリピン海プレート、太平洋プレート、ユーラシアプレートが日本で拮抗《きっこう》している。最新の研究では、アムールプレート、オホーツクプレートの存在が知られている。日本は世界でも類のない大プレートがぶつかり合っている特殊な国である。しかも近

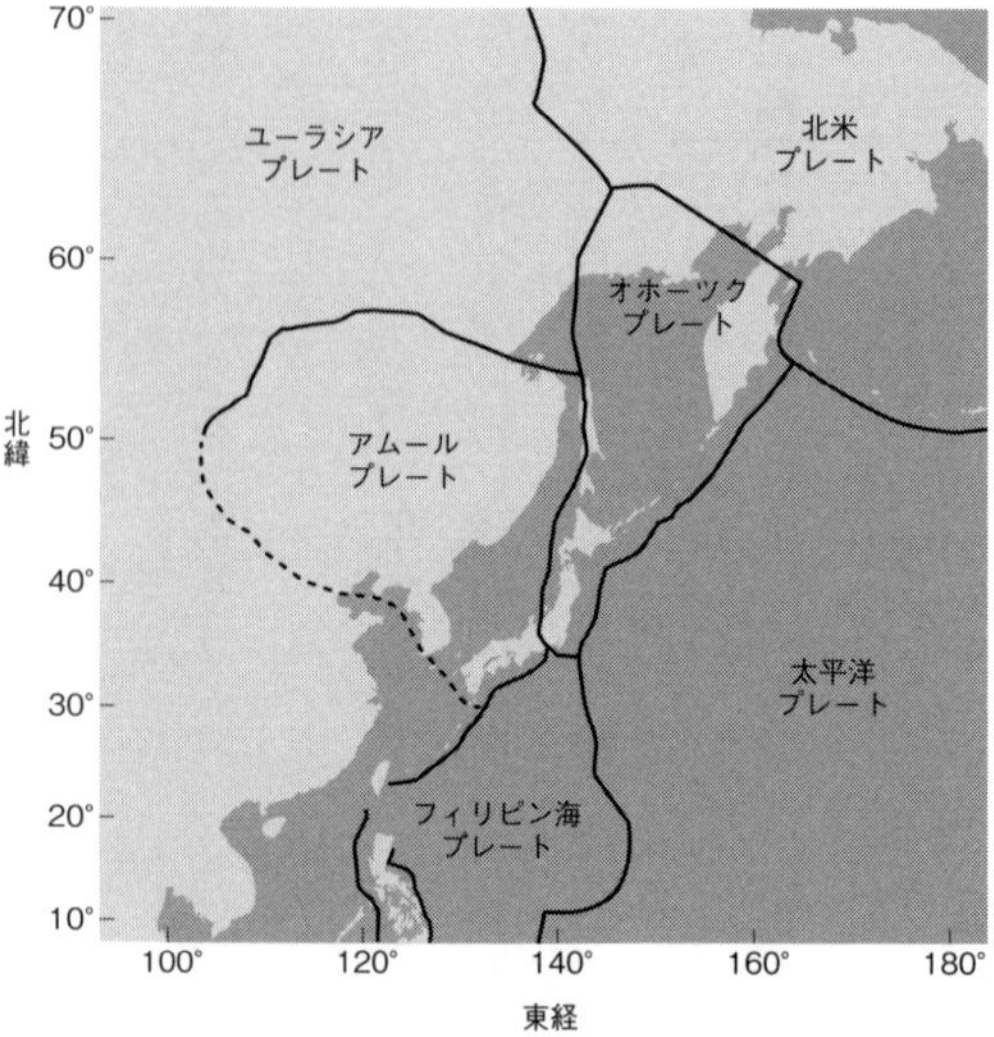

図1-1　日本列島周辺のプレート配置
（出典：『日本列島の下では何が起きているか』中島淳一著 講談社 2018より）

海には日本海溝や相模トラフ、南海トラフ、駿河トラフがあり津波の発生源ともなる。地下断層による大地震は、常に生じる危険性がある。関東大震災（一九二三）のように都市の地下で地震が発生した時、大都市が滅亡しかねないと、今西は指摘していた。

昭和五五（一九八〇）年から令和二（二〇二〇）年の間に震度六・五〜七・三の大地震が多数発生している。阪神淡路大震災（七・三）、熊本地震（七・三）、新潟県中越地震（六・八）等、四四〇日に一回の頻度で発生している。

令和六（二〇二四）年一月には能登半島地震（七・六）が発生した。地震と津波で全てを失った漁師が「命があっただけで有難い」と、語られた。これが大悟である。何れ日本中が、越すに越せない日を通して「紙幣より命だ」と大悟する日が来るらしい。

心せよ　世は　今からが　山である　天地の裂ける時が来る（教の泉二七頁）

(B)『人類は二十一世紀に滅亡する？』から学びとれること

人類は、五〇（西暦二〇四四までに）年以内に、かつてのマンモスと同じように地球から消滅する運命にある。

人類滅亡の主なる原因は、二一世紀に人口が九〇億人から一〇〇億人に増加し、食料が不足するためである。（二三頁）

昭和二五（一九五〇）年、世界人口は、約二五億人であった。平成二三（二〇一一）年七〇億に増加し、令和四（二〇二二）年には、八〇億人に達してしまった。人口の増加に伴ってCO_2も増加している。それは、異常気象の発生につながり食料生産の環境が悪化している。国連の世界食糧計画によると、最近の旱魃によりアフリカ諸国を中心に、令和四年に約八億二八〇〇万人、一割の人が飢餓状態になっている。人口の増加と食料不足は、危機的状況になりつつある。我が国の場合は、どうであろうか？　令和四年の我が国は、食料自給率は、カロリー換算で三八％に過ぎず、食料危機の危険性は大と言えよう。氏は、その要因を次の四点にまとめた。

①自由市場においては、米、野菜のような生活必需品は利潤が上がらず、農業は衰退する傾向にある。

②他方、車、エアコン、オートバイ、スマホ等の贅沢品は売れる。

③更に、スポーツ・カー、テレビゲーム、ゴルフ等の超贅沢品に人気が行く。

④このような贅沢品の頂点にあるのが、高級酒、香水、マリファナ、そして宗教である。

糸川の指摘は、資本主義における自由市場の欠陥を指摘したものである。エントロピーの視点が欠落している市場経済は、米や野菜よりスポーツ・カーやスマホが、利潤が上がるので大切にされ、命より遊び道具が優先される。農地をゴルフ場に変えても金に成れば良い。命や自然よりも紙幣に重きが置かれる。それは、CO_2を排出してもよい。自然破壊は自分には関係ない、と言う出鱈目な時代の産物である。

糸川の指摘する食料危機は、我が国においては、三つの面から来て当然である。一つは、昭和四〇（一九六五）年、六〇〇万haあった農地を二〇二二年まで一四〇万ha破壊してしまった。現在（二〇二〇）は、四三四万haに過ぎない。命を支える農地をゴルフ場、道路、駐車場、宅地等に破壊してしまった。更に、近年の異常気象は、凶作に成る要因である。最大の問題は、農業人口の激減である。その就業者は、二二八万人であり、人口比三・四％（二〇一八）で、しかも平均年齢が六八歳と高齢者である。一〇〇人の消費者を老農が三人で支えている。農作物は、無料の太陽と雨を圃場で受け取る。農民は人に食料を供給するだけでなく、CO_2を吸収し、O_2を生産する動植物と人類の命の守り手である。戦後の日本は、この点を評価してこなかった。その代償が今である。これからもっとひどくなる。

米の食えない時が来る『矛盾を超えて』（七〇三頁）

(C)『地球文明の寿命』から学びとれること

人の欲望を放任助長した自由市場、民主主義、人間尊重主義等のシステム、つまり人間圏は二一〇〇年位で終わる。（二一〇頁）

人類は、生物圏から人間圏に移行してきたと松井は表現した。これは農業圏から工業圏に移って来たとも言い換えられる。前者の時代は、自然の摂理を基本とした生産と生活であった。つまり人間は循環する自然の中で生きて来た。農業が本当の「生産」であり、生存の原則はこの範囲で生活するのが自然であった。工業は、再生産の機能が今まで確立されてい無い。更に**大量の排ガスを出す。この問題を経済学は無視して来た。**

地球は大気（空気）によって覆われている（図1-2参照）。そこに二酸化炭素、二酸化硫黄、窒素酸化物、メタン、フロン等が放出され捨てられ、「大気汚染」と「温室効果ガス」と成っている。それは、地球をビニールで覆うような機能を持っている。地球に降り注ぐ太陽エネルギーの何割かは外に放出され、地上の平均気温は一五度に成る仕組みになっていた。

過去二〇〇〇年、気温は安定していた。英国を始めとした産業革命期に成るや石炭を消費し始めた。日本では特に昭和二七（一九五二）年以降、それは増加した。それに伴って排ガスも増大した（図１－３参照）。国連が気候変動に関する政府間パネル（ＩＰＣＣ）を、平成二七（二〇一五）年パリで開き、協定でこの問題を公表した。フランスの議長は、CO_2の許容量の限界を二九〇〇Ｇｔ（二兆九〇〇〇億ｔ）の合意内容を公表とした。一八五〇～二〇一一年までに累積した量を一九〇〇Ｇｔと推計し、残りの炭素予算は、一〇〇〇Ｇｔと推計されている。令和二（二〇一九）年の世界のCO_2排出量は三二八億ｔ、更に地

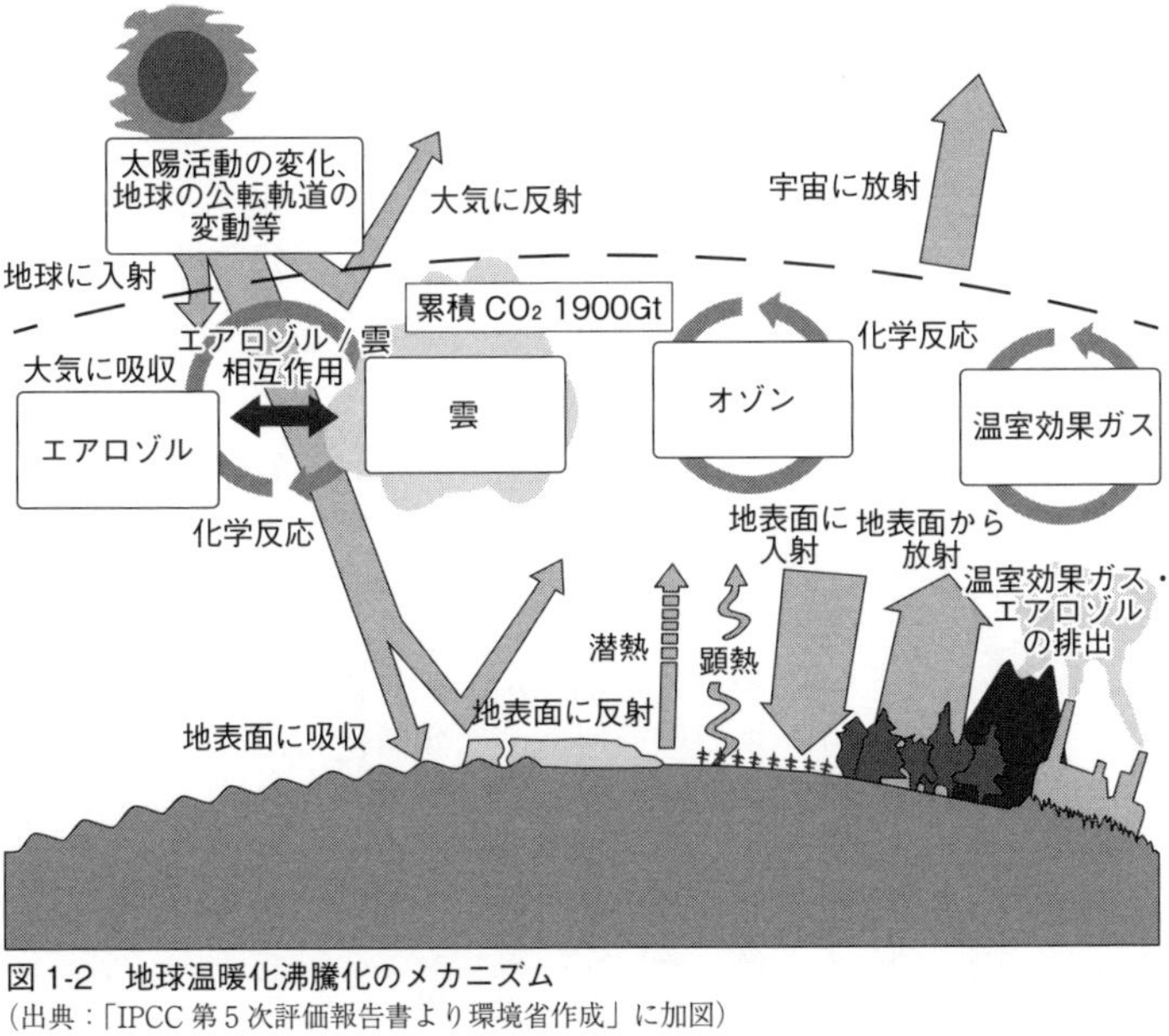

図 1-2　地球温暖化沸騰化のメカニズム
（出典：「IPCC 第５次評価報告書より環境省作成」に加図）

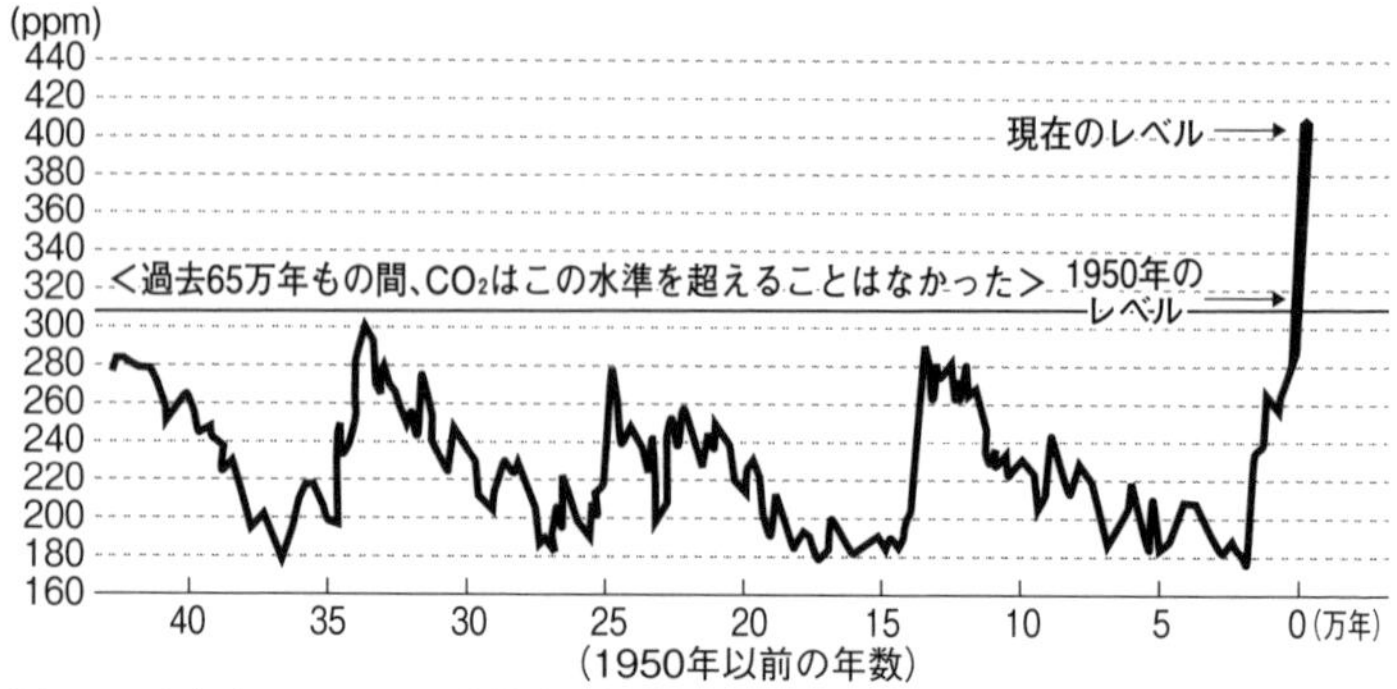

図 1-3　大気中の CO_2 の平均濃度の推移（1952 年頃より急上昇）
（出典：令和 2 年度「環境白書」を加図）

球温暖化効果ガスは、約五四〇億ｔであるから炭素予算の食い潰しは、後数年という事になろう。これに対して、この数字には科学的根拠が薄いと批判する人もいる。

CO_2の累積量は、化石燃料の消費量から割り出されるであろう。他方、大気中の許容量は、森林の木の本数によってもCO_2の吸収量は異なる。又、樹齢二〇年の木と五〇年の木とでも異なる。木の種類によっても異なる。アマゾンの一〇haと青森のブナ林一〇haでは異なる。更に、海洋や大気の吸収量の厳密な計算は難しい。小麦やトウモロコシ畑もCO_2を吸収する。それが、計算された事はない。広い大気中のことであるから正確な算出は不可能であろう。今のところ、どの数字が正確か分からない。しかし、地上は温暖化し、異常気象が発生し、更に今では地球沸騰化の時代になってしまった。自然の限界域は、既に超えてしまっていると早く認識すべきであろう。

図1－3で明らかなように戦後、CO_2濃度が急上昇し始めた。

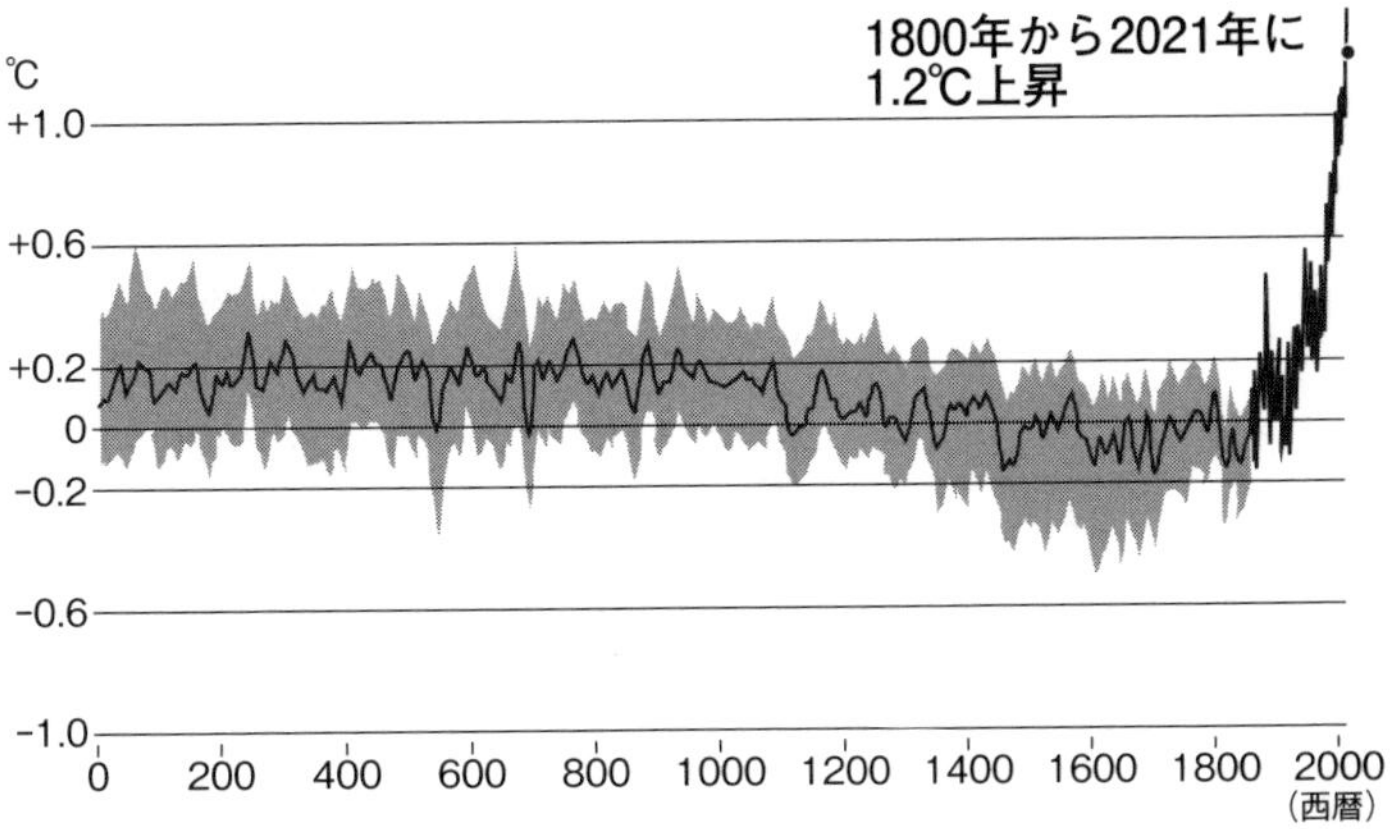

図 1-4　気温の変化（2021 年に 1.2℃に急上昇）
（出典：『気候変動と環境危機』グレタ編著　河出書房新社 2023）

ＮＡＳＡによれば、過去六五万年安定していたCO_2が、昭和二七（一九五二）年を機に急増した。この時期から石炭をエネルギー源として世界が経済成長を始めた。このため、段々増えて蓄積したCO_2が、地上をビニールでカバーするような形になった。図１－２のように地上から熱を放出しにくいメカニズムになってしまった。令和二（二〇二〇）年にはCO_2は四一〇ｐｐｍの濃度になり地球沸騰化の主因になった。

一九八〇年代には、石油を中心に化石燃料の消費が増加した。それに比例してCO_2が更に増加し気温も上昇した。

図１－４は、気温の変化である。マイケルによると気温は、図のように西暦一年から一八〇〇年位まで安定していた。ところが、令和三（二〇二一）年には一・二℃まで急上昇した。CO_2の累積が温度の急上昇をもた

らした。パリ協定が目指した数字まで残り〇・三℃まで来てしまった。

他方、温暖化は、南極、北極、ツンドラ地帯の氷山の溶解をもたらしている。一・五℃以内ならば、三m以内の溶解に止まるであろう。タムジン・エドワーズ(注三)によると、一・五℃を超えると三〜九mに上る氷山が溶解する危険性がある。更に海水温が二七℃超えると台風やハリケーンの頻発をもたらす。

令和五（二〇二三）年七月には、地球は温暖化を超えて「沸騰化」となり、日本では三六〜四一℃の高温の中で生きることになってしまった。

松井は、問題の本質を指摘していた。「我々は、民主主義、自由市場、人間尊重等を第一にしている」。これは、自然の摂理に従うので無く、人の頭から生み出した虚に従うのである。大脳の創った世界に従うのである。自然の摂理という絶対の基準とは、関係の無い世界である。

それは「人の欲望、希望、理想を第一とする制度である」から欲望にブレーキはかけにくい。

現在の 民主主義、自由主義、人間尊重主義のままでは人間圏は 二一〇〇年位で終るであろう。

（二一一頁）

道では、このままでは「あらあら一〇〇年……」と教えられていたが、当時その意味が誰も理解できなかった。

世界も　終わろうとしている……　今から一〇〇年　あら　あら……
それを　目標《めどう》として　生きて　生きて　生き了うそうえ
……世の中は　この道から建て替わる……日本の國が　元に還って　世界中が（理の國に替わる）……。

（昭和五二（一九七七）年七月八日　根五九号　三二頁）

(D)『人類は八〇（二〇八〇）年で滅亡する』から学びとれること

海底のメタンハイドレートが温暖化により崩壊し人類が滅亡する。（三六五頁）

人類が滅亡する根拠として次の点を指摘している。温暖化により海水の温度が上がり、低温で固定されていたメタンハイドレートが溶け出す。「……メタンガスが酸素二一％を含む大気中に放出されれば、メタンは水と二酸化炭素に分解される。その時、無尽蔵のメタンハイドレードは、二酸

化炭素へ変換される。その時、大気中の二酸化炭素は瞬時の内に〇・五%にも三%にも成り人類は滅亡する。」（三六五頁）

図1－5は、メタンハイドレートの崩壊プロセスを、NHKの「海」プロジェクトが図示したものである。海底の水温が上昇してメタンハイドレートの層がガスと水に分解される。その結果、分解部分が液状化を起こし、地すべりが発生し、海中のメタンが放出されるというメカニズムである。

この書が出版されて二〇年後、事態は更に深刻になりつつある。

①平成二五（二〇一三）年、ソロモン諸島のタロ島が、気候温暖化による海面上昇で水没の危機にあり住民がチヨイセル島に移住した。

②令和三（二〇二一）年六月には、カナダのリットンにおいて気温四九・六℃を記録している。

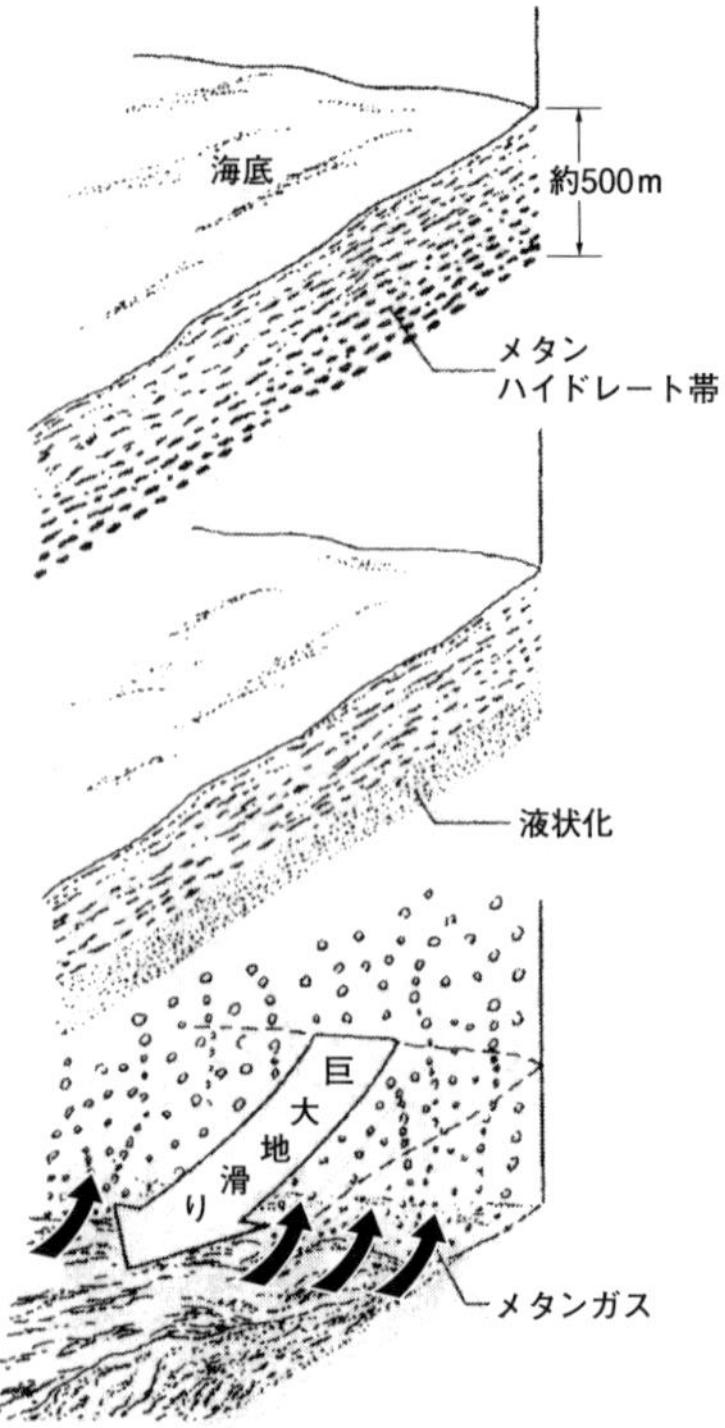

図1-5　メタンハイドレートの崩壊プロセス
（出典：『海　知られざる世界　第1巻』NHK　1998）

③同年七月一三日、米国カルフォルニア州デスバレーでも五四・四℃を記録した。更に高温と乾燥、そして落雷から山火事が発生し、一八七六㎢平方キロを焼失した。死者は、八五人であった。因みに、二一年の山火事で焼失した総面積は、一万二五〇〇㎢に及び東京都の約六倍に及んだ。

④令和元（二〇一九）年、シベリアのサハ共和国のツンドラ地帯では、これから三年続けて大規模な山火事が発生している。ツンドラ地帯は、泥炭層やメタンが土の表層に含まれるため負の連鎖が広がる危険性がある。

⑤令和三（二〇二一）年一〇月、北海道沿岸に温暖化のために赤潮が歴史上始めて発生した。それにより大量のウニ、鮭が死んだ。

⑥令和四（二〇二二）年八月、福井県南越前町では、四日から五日の二四時間の降雨量が四〇五・五ミリを記録した。約二〇〇棟が全半壊や床上浸水した。この雨量は、それまでの観測史上最大記録である。

⑦令和四（二〇二二）年九月には、一カ月で七個の台風が発生した。日本の近海の海水温が二七度以上に上昇しているので、台風が頻発しやすい環境に成っている。

この世の　地震　山崩れ　台風
　水つきも　月日の立腹である
　　　　　　　　　　　　（お筆先　六号九一）

⑧令和二（二〇二〇）年八月と令和五（二〇二三）年七月、日本各地が沸騰した。その高温の代表的な例をあげよう。

四一・一℃（埼玉県熊谷市　二〇二〇年　八月一七日）
四一・一℃（静岡県浜松市　同日　）
四一・一℃（岐阜県美濃市　同日　）
四一・一℃（高知県江崎市　同日　）
三九・七℃（群馬県桐生市　二〇二三年　七月一三日）
三九・四℃（群馬県伊勢崎市　二〇二三年　七月二八日）

令和五（二〇二三）年七月は、世界の都市も高温に晒されていた。最高気温三〇℃以上の真夏日は最多の七二日間続いた。**国連のグテーレス事務総長は「……もはや　地球温暖化を超えて地球沸騰化の時代が来た」と奇しくも同年七月一日、世界に警告を発し、この原因は先進二〇ヶ国にあると明言した。**

ここで、世界の大企業であるマイクロソフトと菅総理とトヨタの温暖化対策を検討してみる。

四　ゲイツと菅《すが》総理とトヨタの温暖化対策

マイクロ・ソフトの創業者ビル・ゲイツ（ゲルツ財団）は『気候大災害は防げる』と言う書を二〇二一年出版した。（日本では、早川書房から出版・山田文訳）

人類の滅亡を避けるために　温暖化ガスを五一〇億ｔからゼロを目指さねばならない。（九頁）

令和二（二〇二〇）年一一月までに、新型コロナ・ウイルスの蔓延によって世界の温暖化ガスの年間排出量は五％ほど減った。四八〇から四九〇億ｔになったと推計される（一二頁）。この五％の削減のために、世界では五四二万二四〇五人、米国だけで八二万二九二〇人、日本では一万八三八九人が死亡した（死者の数字は二〇二一年一二月三〇日までのものであり、ゲイツは二〇年までの計算である）。因みに第二次世界大戦での日本の全死者は、約三一〇万人であるから約五四二万人という数字が如何に多いかが分かる。これだけの犠牲を払ったのに温暖化ガスは五％しか減らなかった。この量を見ても飛行機、車を減らすだけでは、排出ゼロは不可能であろう……。

気候変動と戦うためには、二酸化炭素を出さない発電、物作り、食料生産、冷暖房、輸送の新た

なる手段が求められる。（一二三頁）
太陽発電や風力発電は、世界で試みられているが自然が相手なだけに、効果が不安定である。例えば、これ等をバッテリーで蓄電すると今の約三倍の価格になるという。（一〇六頁）

ゲイツは、ガソリンに代えてトウモロコシ（有機物）からエタノールを製造する技術を提案する（一九六頁）。このようなバイオ燃料を使用した場合の価格、グリーン・プレミアムが計算される。二〇一八年の米国のガソリン価格は一ガロン二・四三ドルであり、バイオ燃料だと五ドルである。グリーン・プレミアムは一〇六％である。この価格差をどのように削減するか？　このために市場と技術と政策が手をとりあう必要がある。また、このような技術は米国、日本、ヨーロッパ諸国が先導しなければならない、と提案する（二九二頁）。この考え方に、私は賛同するが困難な壁がある。それは、エタノールより安いガソリンの方を市場が求めるという現実がある。例えば二〇二〇年の米国のガソリン価格は、一ガロン（三・六ℓ）は一ドル、清涼飲料水は一ガロン二・八ドルである（一七七頁）。因みに水素は、一ガロン当たり五・六ドルである（一三〇頁）。

もしトウモロコシからエタノールを得ようとすると、膨大な迂回生産のコストが掛かる。そこには、エタノールができるまでに大量の化石燃料を必要とし、CO_2を排出するという問題がある。トウモロコシを栽培するためには、トラクターによって耕地を耕さねばならない。そのトラクターは、鉄などの有限な資源と化石燃料を消費して製造する。農地を耕すのにもガソリンを消費し、二酸化炭素を排出せねばならない。機械を使用する前に、この二つの問題がまとわりつく。化学肥料は、工場で電気を使用して製造される。それを機械で散布する。次に種をヘリでまく。電気でスプリンクラーを動かし地下水を汲み上げ水散布をする。トウモロコシ一kgを生産するには、沖大幹によれば、二〇〇〇ℓの水を必要とする（米国の地下水は既に枯渇状態に成ろうとしている）。更に収穫までに、雑草、害虫、鳥害等の管理が必要となる。ここでも工場で製造された農薬が使用される。最後に、軽油を消費してコンバインで収穫する。それをトラックで工場に輸送する。工場では、電気を消費してエタノールを製造する。厳密なコストと二酸化炭素の計算は出来ないが膨大な額となろう。ゲイツの先の数字は既に収穫されたトウモロコシの粒から計算したものである。

原子力は、炭素を排出しない唯一のエネルギーである、とゲイツは評価している。特にテレパラード社の先進原子炉は、安全でコストも安く廃棄物も少ない（二五八頁）。しかし、適切な政策と市場へのアプローチがなければ新型原子炉の科学的、工業的研究は活かされないであろう（二五八頁）。

これもエタノールの場合と同じである。既に精製されたウランだけから計算した場合に「安い」

という幻想が生まれる。先ず、カザフスタンのような山奥の鉱山からウラン鉱石を発掘する現場を推察したら理解できる。山の奥で重機を使用してウラン鉱を採掘する、そこでも軽油を消費し排ガスを出す。その後、他国に輸送される。ウラン鉱石を精錬、濃縮、加工するため、工場では大量の電気が必要である。石炭の場合は、採掘されただけで商品となる。石油の場合も原油という形で、半商品として存在している。ウラン鉱石は、複雑な迂回生産によってエネルギーと排ガスを出す。そして精製されたウランは、安全に貯蔵せねばならない。「核燃料一tを作るために約八五〇〇tの石油が必要になる」(注四)と試算されている。使用済みの「死の灰（プルトニュウム）」の捨て場所が無い。無人島や尖閣諸島に「死の灰の保管所」を作れと言う案もある。又、福島の原発事故のような事も覚悟せねばならない。更に、ウクライナのように敵やゲリラに攻撃される危険性もあるから、その管理費、警備費も計上しなければならない。

水素に温暖化ガス減少の可能性がある、と言う人もいる。しかし、それを分解するために電気を利用せざるをえない。我が国の電気の七三％は、化石燃料から得ている。他国から輸入するとしてもそれを輸入する船の燃料、CO_2を計算する必要があろう。水素の発生方法として石油から抽出する方法がある。資源エネルギー庁の二〇二二年の試算によると、例えば、ナフサを加熱炉で熱分解する時に水素が発生する。その価格は一kg当たり約二ドルである。電気分解すると三倍の約六ドルである。我が国の電気源の約七三％は、化石燃料である。更に、天然ガスから水素一ｔを製造すると約一〇ｔのCO_2が発生すると言う問題もある。(注六)

今（二〇二三年）のところ、量、価格面から見て温暖化効果ガスゼロの技術は未だ無い。現在、化石燃料に代わる安いエネルギーは無い。

再生産できる農業の価値を再認識する

ゲイツは、アフリカのケニアの農家を自然の摂理の下に生きる好例にあげている。八〇ａ経営の農家が、穀物、野菜・果実等を自給をした上で乳牛一頭を飼育していた。その後、村が電気による乳の冷却設備を作った。それにより乳の保存が可能に成った。最近は、乳牛を四頭に増やし乳を町に売り生活が豊かになった。ケニア農家の温暖化効果ガス排出量は米国人の五五分の一に過ぎない（二二〇頁）。令和元（二〇一九）年の米国一人当たりのCO_2排出量は、一四・四ｔであるが、ケニア農民は、〇・三ｔに過ぎない。

風土が異なるから厳密な比較は出来ないが、牛四頭を尺度に大雑把な農業論を述べたい。

昭和三五（一九六〇）年、我家は、水田一七〇ａ、畑三〇ａ、乳牛四頭を親子五人で経営していた。水田では、稲作＋レンゲの二毛作であった。畑は麦の間作にサツマイモ＋大根（冬野菜）と作付けられていた。馬耕であったから馬糞は、堆肥に成り物質循環を形成する。水田では、厩肥がミミズを生み、それに、どじょう、鯰、鰻等が集まり水田の生態循環を形成し田から蛋白源を得ていた。脱穀に発動機が使用されていたので僅かな石油を消費した。田畑輪換における米＋飼料、又は、米＋麦の二毛作、畑作における麦、イモの間作＋野菜の三毛作をしていた。この農業で不備なものは立体化だけであった。(注五)

しかし、これ以後、トランジスターラジオ、電気洗濯機、テレビ、車等の工業製品を主体とする経済膨張により農工業間の経済格差は大きくなった。日本の、昔からの農業技術もやがて衰退を余儀なくされた。他方、工業は、昭和五〇（一九七五）年、世界第二位の、GDP二八五兆円の経済大国に成長した。その陰で大量の温暖化ガスを排出していた。それが今日では、人類滅亡に至るほどの危機に拡大して来た。

ゲイツが農業に視点を当てたのは、さすがである。逆に言えば、ゲイツ財団が総力を挙げて新エネルギーを研究したが、エントロピー視点を尺度にして見たらケニアの農業を超えるものは無かった。同じ視点で見れば、昭和三五（一九六〇）年代の関東以南の農業技術は、化石燃料に頼らない自然農法による低エントロピー生産であった。それは、ケニアの農業を超えるものであった。

五　菅《すが》総理の温暖化対策（CO_2削減案）

令和三（二〇二一）年四月、米国で開催された気候サミットで菅総理は、日本のCO_2削減計画を図１－６のように発表した。日本は朝鮮戦争以後、化石燃料を消費しながら約七〇余年が過ぎた。この間、大量のCO_2を排出しながら経済発展をして来た。それを根本的に変えねば成らない時代となった。図１－６のように、気温上昇二℃を目標として二〇五〇年までにゼロとする案である。先ず、気温一・五℃に保つためには、二〇三〇年までにCO_2を四六％削減する。この案は、我が国ばかりでなくスウェーデン、韓国、ＥＵ諸国の案でもある。

長い間、化石燃料を自由に消費しCO_2を無制限に排出してきた経済を短期間に全部一挙に変える。これは、

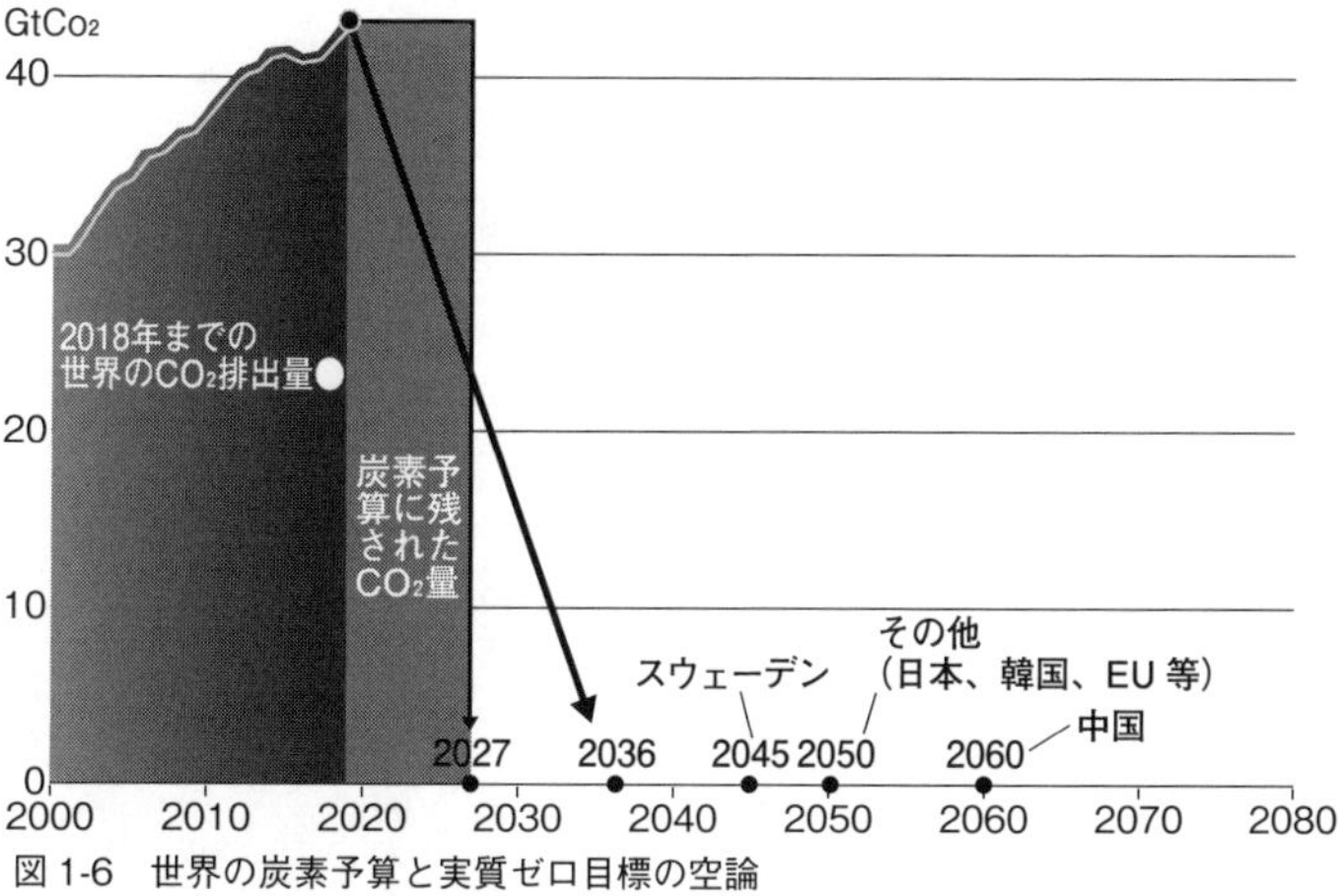

図 1-6　世界の炭素予算と実質ゼロ目標の空論
（出典：令和３年度　環境白書に加図）

現実からでなく政府の机上で計画された案である。ここ数年の具体的政策は、我が国の令和元（二〇一九）年のCO_2排出量、一二・一二億tを平成二五（二〇一三）年比四六％の削減を目指す。しかし、先述したように今のところ化石燃料に代わるものは無い。それなのに二〇三〇年は、再エネ約三八％、原子力二二％、そして天然ガス二〇％、石炭約二〇％、石油約二％と言う案である。しかし、化石燃料は、約四〇％を使用する。当然、この四〇％分のCO_2が排出される。目の前の課題が解決されていないのに将来は、太陽光約六％、水力約一一％、風力約五％、バイオマス約五％程度にする案を示している。

令和三（二〇二一）年度の電源構成から分析しよう。図1‐7のように総電力、一兆三二七億kwhの電力は、需要と供給によって日々の生活が営まれている。電気は、朝八時頃から夜二一時位までの需要が大きい。それを供給するための原子力は一定である。その構成比は、約七％である。太陽発電は、日の当たる時間帯だけ、風力発電も風の吹く時だけ、水力発電は、水の量によって出力が決まる。この再エネの合計は、約二〇％に過ぎない。

因みに、太陽光発電を分析しよう。一〇〇万kwのそれを設備すると約二〇〇〇ha必要になる。山手線の内部にパネルを全部敷き詰めても原発一基の半分に過ぎない。(注六) 再エネは、自然が相手であるので人の欲望のまま自由に増減が出来ない。他方、化石燃料を使用する事により自由に発電

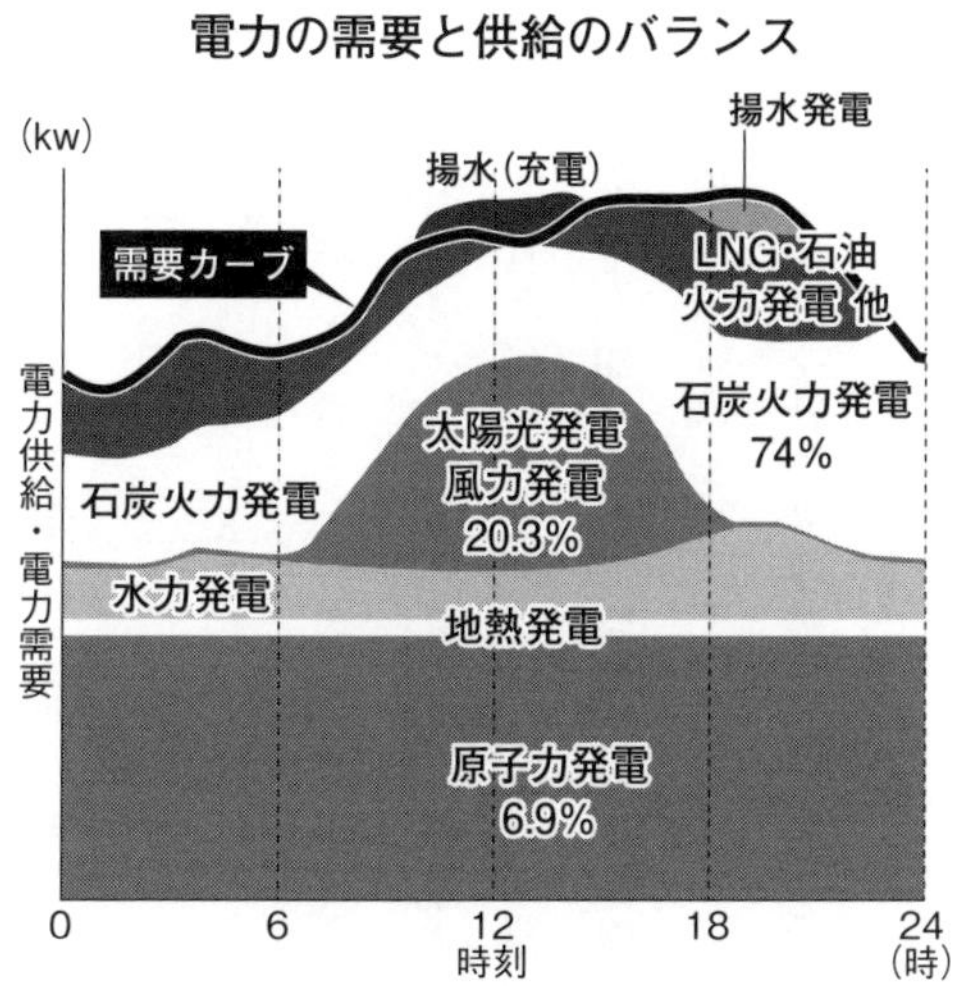

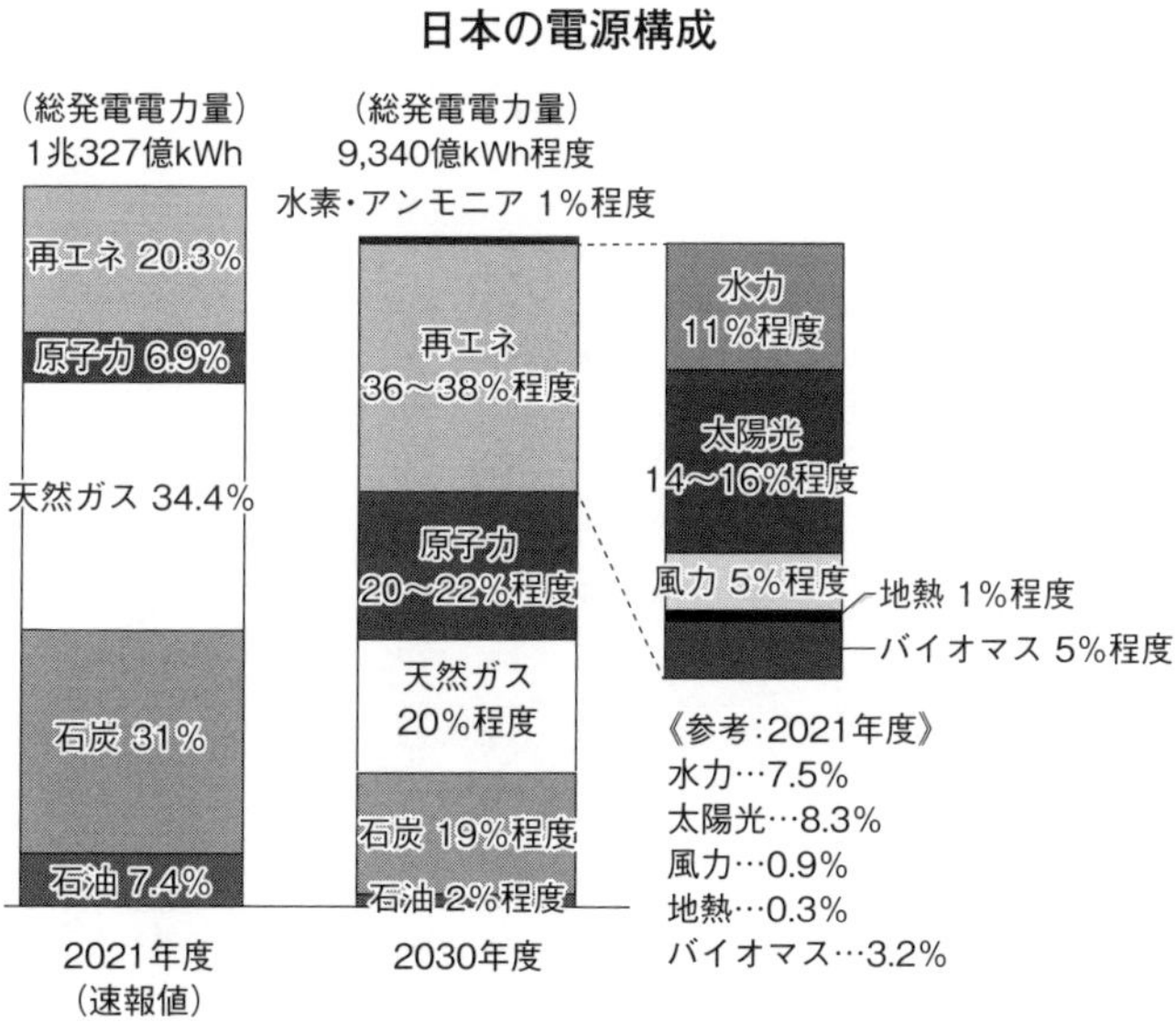

図 1-7　電力の需要と供給のバランス　日本の電源構成
（出典：「正論」杉山大志作成　産経新聞社 2022.8 をもとに作図）

できる。この自由さにより、石炭約三一％、天然ガス約三五％、石油約七・四％の合計は約七三％を使用している。因みに、中国は、石炭六二・六％、原発四・八％である。ここの事実を踏まえないで短期間にゼロにする事は、非常に難しい。しかし、ゼロにしなければ、異常気象の発生から人類の生存が厳しく成る。

フランスの例から学ぶとすれば、既存の原発と水素の一体製造と言うことであろう。これには、技術面の問題や地震、テロ等の危険が伴う。令和二（二〇二〇）年フランスの原発五〇基中、三〇基が修理中であった。原発の炉は、頑強に作られている。しかし、その配管は、高温の水蒸気により破損、腐食等の事故を起こす危険性が高い。これと言う新エネルギーの代替案が無い現状においては、危険性を知りながら原発のフル稼働に頼るほかないと言うのが現状であろう。

CO_2排出を二〇五〇年までに〇にする道筋を国際エネルギー機関（ＩＥＡ）が示した。高村ゆかりは、図１－８を基に産業構造の転換を提案している。（日経新聞・二四年二月一五日）図によれば、二〇二一年、世界全体で三七ＧｔのCO_2の排出があった。三〇年二三Ｇｔ、四〇年五Ｇｔまで削減し五〇年には〇にすると言う道筋である。この間、内燃機関の自動車をＥＶ車に代える。産業エネルギーの四〇％を電気に代える。既に分析したように今のところCO_2を〇にする技術は無い。例えば、日本の電気の七三％は化石燃料から生み出され、この電気でＥＶ車を利用してもCO_2は電

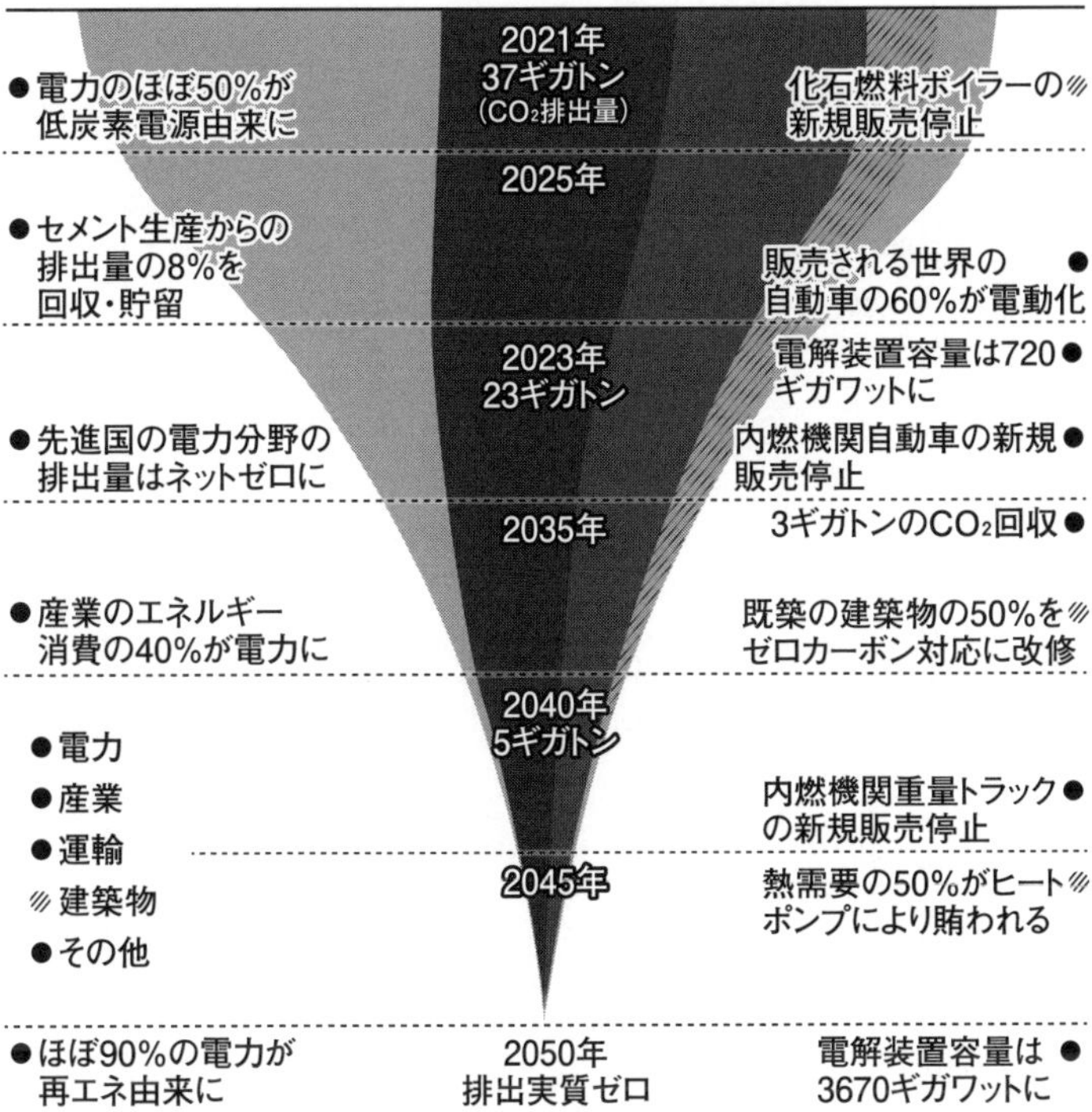

図1-8　2050年エネルギー由来のCO_2排出実質ゼロへの道筋
（出所：IEA（国際エネルギー機関）の資料「脱炭素の現在地」高村ゆかり稿日本経済新聞2024年2月15日）

力会社から排出される。根本は、現在の大量製造、大量消費、大量廃棄ガス、自然汚染の構造を変えねば成らない。逆に言えば、自然の摂理に順応した製造と生活しか許されない、と悟る秋が来たのだ。更に炭素予算の食い潰しも近い。それに伴って異常気象の被害は年々拡大するであろう。人の都合に関係なく自然は待った無しの状態にある。

自然の法則を破る　これが問題やで　この道により　自

然を元に　還さざるをえん
（自然の摂理に従って生きる）これが世直り　國替え
『矛盾を超えて』（二二四頁）

六　トヨタの温暖化対応策

このような危機的状況の中で日本最大の産業である自動車業界の対応は、どのようなものであろうか？

トヨタの社長・豊田章男は「豊田佐吉は、自分の利益の為でなくお国の為世の為に働いた」と言う。（章夫は）……現在（二〇二二）は、「七万一三七三人（連結三六万六二八三人）の雇用、生活を守る」為に働く。(注七) この実現にグループ全体で一〇七四万台（二〇一九）の車を製造した。世界一の車の製造である。他方、これだけの車から排ガスを出し温暖化が進んでいる。この部分をどのように判断するのであろうか？　排ガスのこれ以上の増加は、異常気象の増加、温暖化・沸騰化、その他の災害の増加であろう。

宇沢公文は「……自動車は、癌細胞のように経済社会のなかで拡大していった……」(注八) と述べた。

更に、自動車の社会的費用とは、所有者とメーカーが負担せねばならない費用（具体的には、交通事故、自然汚染、CO_2の排出による温暖化、排ガスによる病の発症、道路建設費等）の総費用である。それを彼等は、住民に転嫁している……昭和四三（一九六八）年の宇沢の試算では、最低一年間で約二〇〇万円に上る。（注九）つまり、我が国における自動車産業の異常な発展は、メーカーと使用者が社会費用を支払わないために生じた、とも言えよう。自家用車の増加は、鉄道やバスを衰退させ、高エントロピー社会を形成する事でもあった。因みに一㎞を走る際に車ならば約一五〇ｇ、バスならば約半分の約七六ｇ、鉄道ならば約三五ｇのCO_2の排出で済む。（注十）

車は、日本において多くの雇用をもたらし所得をもたらし国富をもたらした。国民は便利で快適な生活を得た。現在（二〇一九）、世界全体では、約一四億台の車が走っている。ガソリン車が、一年間に九〇〇〇㎞走ると、ガソリン一九一九ℓ消費し、CO_2は二一六七㎏排出する。（注十二）それを誰も止める事が出来ない。ドライバーもメーカーも車の製造と使用に関して罪の意識は無い。しかし、CO_2の累積は温暖化、沸騰化を日々加速させ自然を破壊し人の命を危うくしている。

令和五（二〇二三）年八月三日、トヨタの新社長佐藤恒治は「……電気自動車（ＥＶ）やハイブリット（ＨＶ）など全方位戦略で行く……」と前社長と同じ方針である事を明言した。減産するような気はない。つまりCO_2も出し続けると言う事でもある。地球の沸騰化が拡大する、と言うことである。

航空機も同じである。それは、一km当たり一六〇gのCO_2を排出する。鉄道ならば、この五の一で済む。フランスでは、国内旅行は鉄道に代えジェット機の使用を禁止した。我国は、東京から大阪間の五〇〇kmですら野放しである。美人のスチュワーデス達は、微笑みをもってコーヒーを注ぐ。新幹線の五倍のCO_2を出しながら人類滅亡を早めるフライトだと知りながらそれを削減しようとは思わない。ここには自然の摂理に従って生きると、言う視点が欠落している。次の絶対の理を忘れてしまった。

自然は（生命の）親なり（根五五号一二五頁）

大気（自然）は、全ての動植物のものである事を忘れている。トヨタに限らず、世界の自動車産業や航空機会社、他の経営者は己の会社の雇用を守る努力をしている。地球沸騰化の時代でも会社も国民も、命よりも車やジャンボ機を愛する。ここでは、「日本国民の命、いや世界の命」を忘れている。目前の課題は「命よりも雇用の維持」、「命より便利さ」、「自然よりも金」のようである。これは、二酸化炭素を排出する全産業に関わる喫緊の課題である。このテーマは、幾ら議論しても答えは人類滅亡の前日まで人の頭からは答えを出せないであろう。

現代（二〇二三年）は、自然の摂理を忘れ欲望主義の至った処である。人間の頭が限界に来たとも言えよう。欲望が拡大し過ぎたのである。最後に先人達の将来の予測を掲げる。

六　日本のＸデイ

(B)二〇四四年頃……糸川英夫・原因・食糧不足
二〇七七年頃……根五九号・自然の摂理の破壊
(D)二〇八〇年頃……西澤潤一・メタンハイドレート崩壊
(C)二一〇〇年頃……松井孝典・人間圏の崩壊
(A)かなり近い日……今西錦司・都市の地震
かなり近い日……内藤勝・地球沸騰化から農産物の凶作・食料危機・そして大地震・大津波

Ｘデイの到来の日、その前に「越すに越せない日が来る」「業の者が天の篩《ふるい》に掛けられる日だ」その時「みたま」が目を覚まし、元の日本人に還る、と道の人は教えられてきた。

……Xデイが近づいても……頭の産物である科学、哲学、宗教、政治等では対応が出来ないであろう。「心は、欲の埃で一杯となり」知恵が尽きたのである。(注一三)

これに対応しうるものは、一・みたまの汚れを取り、みたまが、能《はたら》くようにする事である。（第三・五・九章参照の事）

二・理の通り生きる事である。（第四・七・一一章参照の事）

これからの世は、頭からで無く、みたまの指示によって生きる時代となろう。

あたらしい道は　日本の國を守る処　（根一一八号三一頁）

次に、「みたま」について述べたい。

注一　補論の一を参照して下さい。

注二　N・ジョージェスクレーゲン著『エントロピー法則と経済過程』一九九三　みすず書房

注三　グレタ・トゥーンへリ編著『気候変動と環境危機』タムジン・エドワース稿　一二一頁　河出書房新社
二〇二二年

注四　室田武著『エネルギーとエントロピーの経済学』東洋経済社　一九七九年　七四頁

注五　千葉県の房総にある三芳村は、平均して水田五反、畑四反、夏みかん山二反、鶏五〇〜一〇〇羽位の小農の村である。昭和六〇年頃の経営の方式は、農家三十四戸と都市の消費者百二十戸が産直契約をした。

例えば野菜生産は無農薬とする。有機肥料を使用する。生産に食を合わせる。

大根は一本一五〇円で買う。小さいものや傷ものはヌカズケとして漬物加工品として買う。その他、梅干し、キナコ、小麦粉、餅、饅頭、味噌等の加工品も購入する。

平場飼いの卵は、一ケ50円とし廃鶏は、一羽1000円で買う。鶏を飼育する事で鶏糞が得られ肥料が安定した。米は一俵あたり二万円とする。農家が、週に二度、トラックで配送する。その運転手には、配送料一万円を支給する。このように米や野菜、卵を生産するだけでなく加工、販売、輸送等の立体化をして付加価値を農業の側に取り込み経営が安定したのである。つまり伝統的家族農に立体化をした。消費者が、これを支えた。自然に順応して助け合い両者が生きようとされたのである。政府の政策でした選択的拡大、大規模経営は令和五年崩壊しようとしている。利潤の上がる物だけ生産しなさいと計画しても農は、自然が主役なのである。自然の摂理に従った伝統的多品目小農経営が最も合理的で安定していたのである。他方、農政は、資本の都合で政策を変えて来た。そして日本農業を破壊し衰退してしまった。今後の日本農業再生のヒントは、三芳村の方式の中にある。

尚、この方式を指導されたのは、道友の故露木裕喜夫であった。

詳しくは『日本農法と立体化の論理』拙書・一五六頁を参照して下さい。

注六　山本隆三著『間違いだらけのエネルギー問題』ウエッジ　二〇二二年　七〇頁

注七　全ての疑問に答える　豊田　章男稿　文藝春秋　二〇二二年　一月号

注八　宇沢弘文著『自動車の社会的費用』一九七四年　二八頁　岩波新書

注九　『宇沢弘文作集二』一九九四年　二九五頁　岩波書店　氏は、後書きで「日本では車の社会的費用が異常なほど高いのに、その内部化が、とられていない」と指摘されていた。この車の社会的費用の遅れが車の蔓延をもたらしCO_2の増大を生み地球沸騰化をもたらした、とも言えよう。

注十　欧州環境庁の資料より。

注十一　Newton・特集号……温暖化を知るためのCO_2……　二〇一〇年　四月号　四四頁

注十二　注十に同じ

注十三　「パリ協定から脱退するのが上策だ」と、杉山大志（キヤノン戦略研究所）は提言する。（産経新聞・二〇二四年・一月一八日）パリ協定を守ると我国は、産業が衰退し自滅すると。しかし地球温暖化効果ガスを排出し続ければ我国のみならず世界が滅亡するであろう。この点は、人が判断できずに大自然によって裁かれ「越すに越せない日」を通って「命の大切さ」を悟る秋が来る、と教えられている。

第二章

——頭の限界…みたまが　目を覚ます時

——千葉・内藤　心耕

一 臍の中に「みたま」が存在する

ふる里や　臍《へそ》の緒《お》に泣く　歳の暮れ

芭蕉は貞享四年、故郷の伊賀上野に帰郷した。その際、兄が仏壇の引き出しから芭蕉の「臍の緒」を見せてくれた。それは、桐の小箱に大切に保存されていた。親が、子を思って仕舞っておいたものである。三十三回忌に江戸から帰郷した芭蕉は、親の見えない愛情に思わず涙を流し詠んだ一句である。

人は、誰でも臍の緒を通して十月十日、母の子宮の中で命を育む。臍の緒は、命の源泉でもある。それが、出産するや臍の緒は切られる。その後、腹の真ん中に臍は君臨する。医学的には、何の価値もないようである。しかし、この臍の中に「みたま」が存在しているのだと「あたらしい道」の松木草垣女史（以後、尊称して「おやかた様」と呼ぶ）より教えられている。おやかた様は昭和二七年一二月六日、みたまが開き能《はたら》き出し天人に成られたお方である。この「みたま」こそ息の根《こ》元《もと》である事を体験されたお方である。

今まで頭と両手、両足で五体と言って来た。しかし、「みたま」が肉体の主《あるじ》なのである。五体は、その入れ物に過ぎない。つまり頭も、「みたま」の入れ物に過ぎなかったのである。地球沸騰化の時代を迎え「あたま」の限界が明らかに成り、「みたま」の時代を迎えようとしている。

更に、人は「みたま」を通じて先祖代々に繋がっている。父《とう》、父《とう》、父《とう》……と遡ると天に至る。換言すれば、みたまは、「天の分かれ」であると教えられている。みたまが天意を悟るための重要なアンテナなのである。

縄文時代には、日本人はみな、みたまが能《はたら》いていたらしい。自然や農業が主体である時代は、自然の摂理の下に人は、謙虚に生きて来た。自然順応が人々の生活であった。ところが、明治時代、そして戦後、近代化、工業化が始まり、頭を使用している間に欲望は拡大し過ぎ、みたまは曇ってしまった。資本主義下では、利潤の追求が第一の目的となり、自然や國の安寧は二の次に成りやすい。欲望が心の主体となると大切なものが、見えなくなるようだ。現代の我が国は、自然よりも金、命よりも金が大切なようだ。つまり紙幣と言うフィクションに囚《とら》われてしまった。

浮世には、第六感が冴えている人がいる。ジャンボ機が、御巣鷹山に墜落した事故があった。この時、感がはたらいて乗らなかった人が居た。又、戦時中の事であるが、私の隣の小母さんは、「村の青年が八人戦死した。その夜提灯のような御霊《ひたま》と成り門前に挨拶に来たのが分かった」と話していた。この方は、農婦として長年働き心の汚れが少なく第六感が冴えていたのであろう。それは、自然の中で「みたまの一部」が能いていたのかもしれない。それを次のように教えられている。

いざと言う時　みたまから　浮かばされる（根八〇号一四二頁）

二「みたま」が眠ってしまった

しかし、自然から離れ、商売、商売、金、金……金儲けと言う人生を送られた方は、みたまが汚れ、それが曇ってしまったらしい。欲望の拡大は、何時しか自然と言う命の母体を破壊し始めてしまった。あたかも「タコが自分の足を齧《かじ》りながら生きてきた。タコが肉体の痛さに気づいた時は、足が一本に成ってしまった」と言う状態に現代人も似ている。欲望の拡大により丸い「みたま」は、曇り、歪み、変形してしまった。臍の中で眠った状態と成り、アンテナとしての役割は出来ず、ただ息をさせているだけの存在と成ったようである。そして「みたま」と言う言葉だけが残っている。

令和三年六月二六日、七六年前の沖縄戦の慰霊祭が行われた。当時の菅首相は「……犠牲になられた　全ての「みたま」　に心から哀悼の意を捧げる」とのべられた。玉城知事も「みたま」に哀悼の意を捧げる、とのべられた。しかし、両者は慣例に従ってこの言葉を使用したのであろう。みたまの実相は、分からなかったに違いない。臍の中に、みたまが存在している。それが、越すに越せない通《とお》るに通《とお》れない愈々《いよいよ》の時に目を覚ます、と教えられている。

現代の物質文明は、頭で創ったものである。欲望のままに辿り着いた世界が現代と言えよう。それは、物的豊かさと便利さを人々にもたらした。しかし、その追求は、人が守らねば成らぬ「自然の摂理」をも無視してきてしまった。今や、タコの足一本と言う状態に成ってしまった。

例えば、地球の温暖化、異常気象の発生、地球の沸騰化は、その代表的なものである。平成三〇（二〇一八）年には、三三五億tの二酸化炭素、五五三億tの温暖化ガスを排出して自然を汚染、破壊し続けている。先進国の排出した温暖化ガスにより海面が上昇して、ソロモン諸島では小島が水没している。バングラディシュでは、大洪水により国土の三分の一が冠水し大被害が生じた。だから、もはや「二酸化炭素を勝手に出せない時代になっている」のである。

つまり、大気と言う人類共通の生存の必需物の大部分を先進国が、化石燃料を多量に消費して経済成長をしている。その排ガスにより地球の温暖化を加速することは、世界の動植物と人類の命を危うくしている、とやっと世界が知ったのである。これからは、排ガスを出す事は、戦争以上の罪であると知らねばならない。このまま削減されなければ、世界の動植物と人類を絶滅させてしまう危険性がある。

三　二酸化炭素本位制の時代が来た

要するに「二酸化炭素本位制の時代が来た」と言うことである。換言すれば、「自然の摂理に従って生きねば成らない時代になった」ということでもある。

一九七二年、ローマ・クラブが『成長の限界』を著し、資源の有限性と大気汚染増加の危機を警告した。しかし、世界の大企業は、この書から学ばず、経済成長を求めて暴走している。我が国のみならず世界が、「利潤」だけを求めて日々暴走している。人は、利潤が得られ紙幣を持てば「幸福」が得られると妄想しているからであろう。科学者は、原爆やミサイルを創れても人の心を正しく創れない。

道では、このままでは「あらあら一〇〇年ですよ……」と教えられて来たが、その本当の理由は、誰も分からずに今日まで来てしまった。その真意は、これ以上、二酸化炭素を排出し続ければ地球が沸騰化し人類は、あらあら一〇〇年位で終わりますよと言う内容であったと、今、推察する。

かつて、道友であった故福田赳夫元首相が総理大臣を辞めてから、おやかた様に「松の間」で発言された事があった。(昭和五四年頃)「……世界平和実現のために　世界ＯＢサミットを開催すべく世界を巡りたい」と。それに対して、おやかた様のお答は「……　それは無駄でございます。それよりも「みたま」を磨いて本当の日本人に成る……貴方さんが建て替わって、みたまの能く日本人に成る事が先でございます」と。理と法の能く日本人に成る事が日本と世界を救う事に成る、と言う事であろう。

先ず、日本国が、自然の摂理下で理の通り質素に生きる。これが世直り・國替えである。これを外国が手本とし、日本を拝みに来る、と教えられている。みたまの世は、理の通り歩むことに成り、頭や心から生じる邪念は生まれない。それを弥勒（理）の世と、言うと教えられている。

「大洪水により国の三分の一が冠水し、四五四、五一九人以上が亡くなった。四〇〇万以上の人々が、家を失ったままで冬をむかえ困っている。時間との戦いである。先進諸国からの支援を戴きたい」と、パキスタンの首相は訴えた。二〇二二年一一月、国連気候変動枠組条約第二七回条約国会議（COP28）に於いてである。その他、アフリカ諸国では旱魃により約八億人の飢餓が発生した事、ソロモン諸島の海没等の事例が報告された。その「支援と補償」が会議のテーマとなった。その原因は、日米欧露中印の先進国が排出した温室効果ガスにあるからである。

これらの主犯は、この先進二〇カ国々であり、そこに住む人々である。(注一)会議は、この日米中欧露印の主犯国が補償するのかどうか、確かな補償金額を提示しないまま終了してしまった。パキスタンの首相は、家を失い寒さに震える国民に土産の無いまま帰国せざるをえなかった。アフリカの代表も土産は無く、飢えた人々の待つ国に手ぶらで帰らねばならなかった。二酸化炭素の排出問題は、仮にパキスタンの被害の全部を先進国が補償したらそれで済むという問題ではない。洪水で溺死したのは、赤ちゃんであった。アフリカの飢餓により死んだのは子供であった。この人々の命を補償する事は不可能である。ソロモン諸島の小島の海没を弁償する事は何人も出来ない。失われた命も破壊した自然も小島も二度と元に還らない。何人も自然を汚染し破壊する権利は無い。だから人は「二酸化炭素本位制」下で質素に暮らさねばならない。

COP28が終わるや否や、世界サッカー大会が中東のドーハで開催された。立派なスタジアム、冷暖房の完備された室内、アナウンサーは叫ぶ。「外は三五度を超える暑さである。室内は冷房され、涼しい」と。莫大なエネルギーを消費し莫大なCO_2を排出しながらサッカー大会が開かれた。この競技に参加する人々とその国は、洪水に苦しむ人には目を向けない。飢えて泣いている子供は見ない。ボールの行くえの方が大切なのであろう。この大会は、命よりボール、自然よりスタジアムの建設が大切、という現代の狂いを象徴している。マスコミも環境問題よりも日本がドイツを破ったニュースを特大して伝えている。

マスコミは、バングラディシュの洪水と先進二〇ヶ国が排出した温暖化ガスの相関関係を分析し責任を明らかにせねばならない。更に、世界の車メーカーは、製造と運転、廃棄の過程で排出したガスを計測し、責任を明らかにせねばならない時代である。

サッカーに対する狂乱騒ぎは、現代人の価値観の狂い、知識、知恵の行きづまりを表している。「みんなが、寄って集《たか》って　こんな世にしてしまった」のだ。自然と言う欲望のブレーキを破壊した人類号は、歯止めの故障した車なのであろう。欲望と言う名のエンジンだけが滅亡に向かってばく進しているかのようである。

現代の日本人は、約三〇%の方が理に近い生活をしている。出鱈目な人が約三〇%くらい。残りが、浮沈の際にあるようだ。

四　世直り・あたらしい道の出現

以下、先輩道友（迫水久常、椋木瑳磨太、柏木公文、国見裕、小濱よ志、林慎平、箱田増実等）

から戴いた理を書き加える。

あたらしい道は、天からの廻しである。現代人は、自然と命を忘れている。金を愛し過ぎ、國を忘れ、親を忘れている。理が出鱈目で國が危ないから、天から直の教えによって國を救うのである。尚、國の字の中には「ノ」の字が記されている。これは「タスキ」を表したもので「日本人は、タスキを掛けて大地を耕し汗を流す」の意だそうである。他人の為に汗を流す、それが隣人の「しあわせ」を創る。

人は、天の分け「みたま」を臍の中に戴いている。しかし、頭、心……知恵を使い、欲望のままに生きてきた。何時の間にか、みたまが眠って真実が見えなくなってしまったのが現代である。

多くの人の「みたま」は、一・ひからび　二・うつむいている。

色彩で表現すれば　三・濁り　四・曇っている。

形から言えば、五・変形している。六・ゆがんでいる。七・歪になっている。

みたまの汚れや歪みを、「業」と言う。この業は先祖が犯したものもある。これが前生因縁である。それが殺人ならば、末裔が命で果たす。更に身上《みじょう》・事情で果たさねばならない、これを宿命と言う。

　このような業がある限り「人は陽気に成れない」。果たしに伴う苦がある。このような「みたまに付いた汚れ」を磨くのが、道の「お行」でもある。このような苦を喜んで通れば、「みたまが磨かれる」。そして能くように成る。この世の精神病、難病、奇病の多くは業から生じていると教えられた事がある。自分が今生で犯した業もある。泥棒や人殺しのようなものだけでない。「父を戴く」のは、人の必修である。親孝行は、理の基礎である。

　D氏の父は、脳梅毒であったという。父は、座敷牢に入れられ惨めな一生を送った。氏は、この父の姿を見て育った。母は、この病を治そうと天理教徒に成り、多くの人を救った。D氏は、後年、あたらしい道に御縁を戴いた。特に『教の泉』を研究し全てを暗記するほど理が濃くなった。やがて「理の博士」と言われるほどの方と成られた。しかし、氏の最期は貧困と病を患って一生を終え、お蔭はなかった。氏は、理を知っていたが「父を戴く」という理を実行できなかった。

　父の「みたま」を通して先祖の「みたま」に繋がる。目前の父が脳バイであろうと、女に狂う父であれ、競輪、競馬に興じる父であれ、酒乱の父であっても父は父である。父の「みたま」を通じてしか先祖に繋がらない。先祖の加勢無くして「しあわせ」になれない「天の仕組み・決め」に成っている。戦後の教育は「親孝行」を教えない。更に自然と國と生命の価値を教えない。これでは、所得が上がっても「しあわせ」は得られない。

今まで、「天の支店とも言うべき各宗教の教え」ですんできた。自然を破壊しつくした現代は、それでは対応しえない時代となった。

農林業が主体の時代は、自然の摂理の下に人は生きて来た。この時代は、自然そのものが神であり自然の摂理が理であった。幕末、農業人口は、約八五%であり人は純朴であった。昭和三〇年、農村人口は約五〇%を占めていた。これらの時代は、既成の宗教で足りた。

換言すれば、各宗教は、幹や枝であり道は根である。現代は、末世と成り、根（みたま）の汚れを取り、みたまを能かせなければ、人は生きていけない時代となったのである。

五　みたまを磨く法

①みたまは、多くの場合汚れている。その汚れを業という。先ず先祖の犯したものがある。道の教え主は、先祖が土佐藩の村役人であった。江戸時代末期に百姓一揆が生じた。それを抑えるために多くの農民を切ってしまった。その業によりその末裔は、暗殺、精神障害、盲目、早世等の果たしをしなければならなかった。（詳しくは、第一〇章を参照して下さい）。このような経験から前生

因縁が歴史上始めて明らかにされた。このような先祖の業を、㈠お詫びする、㈡果たす。(具体的には、命をもって果たす。それは出来ないであろうから物で果たす。金で世のために果たす。これでみたまの汚れを取る。)

②偶然に「みたま」が開く場合がある。佐藤吉次は、少年時代に熊蜂に体中刺され気絶した。この時、みたまが開いたと、ご明断で指摘される。しかしこの時点では、理を知らないから能きにはならかった。みたまと理は車の両輪なのである。

大澤秀規は、作業中に二〇〇度のアスフルトを頭からあびた。幸い、作業帽と作業着を着ていたので命は助かった。しかし首は火傷をした。その時みたまから「直ぐ水で冷やせ」と言う指示があり助かった。彼は、欲の無い正直な性格であるので、この時、みたまが開き能いたのであろう。(詳しくは、第五章を参照して下さい)。この事例から想像できる事は、多くの人が「みたま」が開く時は、地震、津波、大火事等の非常時(生死の際)の時であろう。(九章では、みたまが開く事例が述べられている)。天上の最初の計画は、一〇〇〇人の誠の男を鍛え、日本国中に「みたまと理」を知らせるはずであった。しかし多くの人が「世直り」を理解できなかった。更に、数と粒が揃わなかった。そこで人に頼まず天変地異による天意現成に代えざるを得なくなった。と推察する。

③先輩の中には、仕込まれた通り「お行」し成長した方も居る。杉原徳男(詳しくは、三章を参

照して下さい）。氏は、みたまが能き音まで出るに至っていた。町野光男（補論三を参照）や林慎平（一一章を参照）等も完成度が高い。この方々は、我と欲が少なく仕込まれた通り「理を実行」され「理と法」を得たと思われる。

④反対の例もある。Kである。彼の頭は秀才であった。父との葛藤からこの道を知った。頭の良さもあって多くの理を知り研究もした。しかし理を実行する事は少なかった。父と対立している位であるから性格が傲慢であった。我と欲が強く己を掘ると言う事が出来なかった。一言で言えば「頭は秀才、みたまは小学生」と言う人であった。

そのうち、権謀術数好きのKは、場に於いて政治力を持ち覇権を得た。やがて人事、行事、財政のあらゆる面に介入した。その結果、使い込み、不倫、暴力を重ねた。やがて「心に埃が溜まり過ぎ」心臓が突然止まってしまった。みたまからの指図であろう。氏は、先祖の業を知らされていた。しかし、それを詫び、果たす「行」はしなかった。更に己を掘り己を立て替えようとする氣は皆無であった。つまり「みたまが能くか？　どうか」のポイントは己の業を知り己を建て替えようとする「氣」である。天は「心一つの自由」を与えた。みたまを信じるか？　理を信じるか？　の自由は各自にある。しかし地球沸騰化時代を迎え「みたまが開く瀬戸に来た」。これからは、「勝手きまな心の自由は許されない」（この過程は、三章の杉原徳男のお仕込みより知って戴きたい）。みたまの開眼は、理の通り歩む事を要求する。理の能きは、次章で述べる道友の経験から悟って頂きたい。

理の狂いは、科学、哲学、宗教等、頭で創ったものでは解決出来ない。そこで「みたまを磨き天意を察し」なければ、國も命も危うい時代となった。欲望から生まれる出鱈目な國、地球沸騰化の國を、理の通りの國に還える。それは、天が「越すに　越せぬ日」を与えて「業の清算」をさせ、みたまを開く。そして、みたまが能き、天が直々に人を差配する、これが「世直り」だと教えられている。この点は、人類初の事であるから多くの人は、その日が来るまで分からないであろう。

天とは理　理とは天　理とは　道理
それを実行すれば　國が助かり　人が　しあわせに成る

注一　ＣＯＰ28が平成五年一二月ドバイで開催された。途上国の「損失と損害」の補償が報告された。日本一〇〇〇万ドル（約一五億円）、米国一七五〇〇万ドル（約二十六億円）、ドイツ一億ドル（約一一二億円）、イギリス六〇〇〇万ポンド（約一一二億円）等である。この資金によって災害で死んだ命が還る訳では無い。温暖化で沈んだ島が復元される訳ではない。早魃で砂漠化した畑が元に戻る訳では無い。

破壊された自然は、復元するのは難しい。故に高エントロピー産業は、製造に慎重であらねばならない。一gのCO_2の排出は、その分の子や孫の命を奪うのである。人類の将来を奪うのである。これだけの犠牲を払って製造するものが、この世にどれほどあるのか？　息を止めて思い巡らす秋である。価値観を紙幣から命の重視に代える秋である。

第三章

心の時代から「みたま」の時代に

石川・杉原　徳男

要約

既存の宗教は、拝む、祈るを常識としてきた。天理教は、「欲しい、惜しい、可愛い、憎い、恨み、腹立ち、欲、高慢」と言う八つの心の埃を払う事を行とした。これは、分かり易く画期的な教えであった。教祖の中山みきは、この天理を基に多くの病人を救った。

大正三年、大殿堂が、信者によって建設された。それは、同時に信者にとっては、それを維持する義務が生じてしまった。末端の信者は、地元と本部を支えなければならない。金を得なければ、それが維持できないという矛盾が生じた。杉原は、このような悩みの中で道を知る。

これからは、「心からみたま」の時代に成る。お金に拘《こだわ》っていたら「……日本は潰れます」。お金の時代を超えて理の時代に成る、と教えられ開眼する。

一　ある宗教家の悩み

内藤　杉原さんは、北陸の方ですね。
杉原　車で毎月大阪へ帰参します。
内藤　先輩は、どのような切っ掛けで「あたらしい道」に御縁があったのですか？
杉原　それを話すと長くなりますが、簡単に言います。母が六番目の子を産んだ時に父が愛人を連れて逃げてしまいました。そのため母は、ノイローゼとなり家は喰うに困るようになりました。そんな父を私はいつか殺してやろうと恨んでおりました。ある日、「お前さん、人を殺そうと思っているね。」と近所の婆さんから言われ吃驚しました。後に「父親の姿は貴方の前生の姿ですよ」と指摘されました。その方が天理教（以下T教と略す）の方だったのです。このような事があり一八歳の時にT教徒となりました。

この教えは「八つの心のホコリ、欲しい、惜しい、可愛い、憎い、恨み、腹立ち、欲、高慢……を取れば、陽気に成り、しあわせに成るのだ」と教えるのです。

この最初は、天保九（一八三八）年十月二六日に中山みきに「實《じつ》の神（天理王命）」が入り込んだのです。みきを神の社にもらい受けた、と天理王命がみきの口を通して宣言されました。その後にお産の為の帯や許し、身上（病）、事情（事故）のための理と法が授かりました。当時は、大塩平八郎の乱やペリーの来航があり、貧困、コレラ、天然痘等の病が蔓延し大問題となっていました。特に農民は、貧しさと病の谷底状態にありました。この救済が目的でした。このような環境でT教は、病人を助け、明治から大正時代にかけ信者が増加し、平成二七年で信者数は約百二十万人位と公表されております。日本全国に教会は、約一万六千あります。米国やブラジルにも教会があります。しかし、現代においては、様々な問題が生まれました。例えば、地方から本部に献金しなければなりません。本部は、その資金で大神殿の維持、幹部の所得をまかなわねばなりません。末端では、地元教会の運営と己の生活も信者の献金に依存する仕組みになります。そこから信者の奪い合いが生じることもあり、病人探しに奔走する事もあります。お金が先に成ると理が曇ります。元々、身上も事情も神が、人の「心を建て替える」ために与えてくれた警告だ、とさとらすのが本当のお助けだと思います。それがお礼（金）を先にすると天理が商売のようになってしまいます。

何にても病《やまい》というて　更に無し　心違いの道があるから（お筆先　三号九五）

病に成った時、（心の埃を除《と》り理を立てるように）教えてあげるのが、我々の使命でした。例えば、欲の強い人は、他人と対立しがちです。そこからストレスが発生し病の原因となります。この心の埃を取らずに薬を与えても対処療法で一時的に治るだけです。反対に、陽気な人は副交感神経が働き免疫力も強く病になりません。現実は、理を忘れて信者獲得のために争う事もあります。そこで悩みを先輩に相談したところ、本当を教える所が、大阪の羽曳野に「あたらしい道」が、あるから一緒に行かないかと誘われ、同行し御明断を戴きました。昭和五一年八月二七日、ご明断を戴きました。その主な内容だけを申し上げます。

二　道を知る……ご明断

おやかた様（松木草垣）　はい　よくいらっしゃいました。N県からですか？……いきなりでございますけれども……今のご自分　苦じゃ　苦じゃ　苦　苦　苦……でしょう。どうですか？

（**杉原**　はい）この機会に自分の方式をお変えになる必要がありますよ。今のままではねえ　お気の毒ですよ。……世の中がせこくなると……もう缶詰めみたいになり　周囲から責められるように成るでしょう。その時、貴方も手の尽くしようが無いでしょう。

あたらしい道は　みたまさんの目を覚まし、それが能《はた》らくようにする場なんです。浮世の方は　みたまさんが眠っているんです。みたまさんが　息の小元《こもと》だけをなさっている。息だけをしている。（明断を受けると）みたまさんが　パッと目を開いて　キョロキョロしてきます。やがて　みたま即理《そくり》になるんです。天即理《てんそくり》に成るんです。そうしたら今までの思い方と一〇〇度位変わります。……T教は表の理でございます。目の見えるところだけの理です。千筋の理ですよ。あたらしい道は裏の理でございます。万筋の理です。木に例えればT教は幹です。この道は根を教える所です。土の中で根は見えません。それが、どこまで根が伸びているのやら　どの位汚れているか分かりません。根（みたま）の汚れを教える場なんです。何百年前（前生因縁）の業を教える場なんです。表の理だけだと癪に障ることだらけでしょう。先祖の業を知ったら素直に成れるでしょう。……過去の苦労は……それは　もう全部忘れて……今は、いい事だけを思い出すんですよ。いやな事は全部忘れて　また来て下さい。……お待ちしております。

内藤　ご明断を戴いた印象は、いかがでしたか？

杉原　ちょいと覗《のぞ》いて見ようと思ってきたのに……長い間の幻の教祖様《おやさま》（中山みき）が現実のおや様になった！　これで自分が救われたという喜びに包まれました。……みたまと肉体の関係は、長い間の宿題でした。……この日を期して、自分の人生はコロリと変わりました。それまでは、世にも人にも自分にも宗教にも絶望しておりました。たどり着いた所に、教祖様が生きて居られた、という思いでした。それまでは、教祖様は天理にばかり居られと思いこんでおりました。

内藤　みたまの入れ物が肉体（身上）であったのです。長い間、人は肉体や頭、心を人の本体だと思ってきたのです。昭和二七年一二月六日に、おやかた様（松木草垣）の「みたま」から音が出て人類史上初めて「みたま」の存在が分かったのです。明治七年のお筆先に

日本見よ　小さいように思《おも》たれど　根が現れれば恐れ入るぞや（お筆先　三号九十）

とあります。順序の理として表の教えを、つまり「心の教え」を世に出して、次に根（みたま）の時代になると預言されていたのでしょう。

杉原　教祖様は、甘露台を明治一四年に作り「甘露台《かんろだい》つとめ」をする予定でした。これにより「泥

水のような人の心を澄み切らせ陽気暮らしの世を作る」はずでした。ところが、警察が甘露台の石を没収してしまいました。同時に石工が警察を恐れて逃亡してしまったのです。その結果、みかぐら歌は

あしきを払って助けせきこむ　一列澄ます甘露台
あしきを払って助けせきこむ　一列澄まして甘露台

と模様替えをせざるを得なくなりました。

更に　心を澄ました、かぐら一〇、鳴物九、手踊り三六、楽人二〇の計七五人が揃わなかったのです。当時は、おや様が何度も警察の獄につながれ、信者は警察を恐れ、おや様の話を聞かないのです。「心を澄み切らして世界を陽気暮らしの世に代える」。つまり世直りを断念されました。信者は、律（警察）を恐れて神を忘れたのです。陰暦の明治二〇年一月二六日に教祖様は、二五年命を縮めお隠れになりました。

内藤　お隠れに成る前日、中山真之亮に対して

「……さあ　さあ　月日（神）ありて　この世界あり。世界在りて……それぞれの身の内あり。……身の内ありて律（警察）あり。律ありても……」と、後の真柱になる真之亮に、教祖様は教えております。彼等は、目の前の老女が神とは、とても思えなかったでしょう。みきと言う肉体（社）を通して

天理王が能いていた。それ以後は扉を開いて、みきの肉体を通さず直接、神が能く構造に代えたのである。

その後の二月二日、飯降伊蔵（本席様）のお指図に

さあ　さあ　分からん　分からん　何も分からん　　百十五歳　九〇歳
これも分からん　どうしても　すうきり分からん　故に　二五年を縮め
助けを　急ぎ　扉を開いて　世界を　ろくぢ（陸地《ろくじ》）に　踏み均しに出た（このようなことは）
神でなくて　この自由自在は　できようまい　止めるに　止められまい
神は一寸も違うたことは　言わん　よう聞き分け（てくれ）。

杉原　教祖様は肉体がある限り、それに信者が囚われるので、社の扉を開いて肉体を隠し神の存在を示そうとされたのでした。

内藤　……神は、「心一つの自由を人に与えました」。しかし、人は神意通り歩まず、欲望や感情のままに歩み心にホコリが貯まり業と成り、問題が大きくなりました。「**みたまに業がある限り心は澄み切らない**」と、道では教えられております。次に、お仕込みを聞かせて下さい。

杉原　その要点だけを読みます。
お仕込み（第一回目）昭和五一年九月二四日
……お前さんよ　**この道は**　**大自然によって成ったんですよ……成ろうとして　成ったんでは**
では無い……お前さん　**この道の理によって何もかも建て替えるんです。天の理によって一切合**
切建て替えるんです　**これを言っておきます。この道の理は見えないけれど　さあ　さあ　根の**
教えです。その根は横に　**横に広がるであろう。……あたらしい道の教えは切りがないんです。**
分かるだろう。だから人の道以上……こうゆう風に言っている。
内藤　T教の理よりも更に細かいあたらしい道の天の理によって己を建て替えよ。そして、大自然
によってなったのがこの道であると念押しされていますね。これは、宗教と異なる重要な点です。
杉原　宗教に絶望していた私にとっては「絶対の真理」を教えてもらい有難かったです。
二回目のお仕込みを聞いて下さい。
お仕込み（二回目）五一年十一月七日（以下年月日のみを記す）

あたらしい道は、天の理です。……人の道位では　こういう時代　飽き飽きです。……今の時代は　底の底まで根を洗う時代なのです。業を果たすために苦を戴くんです。その苦を逃げたら駄目なんです。苦を拾うんです。この道の理を喜んで　喜びおおせたら　素晴らしい。業が消えたら　みたまが能く……あたらしい道は人の道以上です。

内藤　苦は、根に付いている先祖の業から生まれている。この業を清算するために苦（業の果たし）を通らねばならないのです。**業の清算をして「みたまが　綺麗になる」**事が「陽気暮らし」への道なのです。他方、人の心は、貪欲《どんよく》で幾らお金を得ても満足しません。この埃を日々払わねば成りません。現代は、業と欲望の風船が正に破裂寸前にあるように思えます。

杉原　俺ほど苦労して来た者は無いのに根を洗え、業を詫びよ、それを果たせ、その苦を逃げるなと言われ、前の人と間違えているのではないかと思いました。この真意が分かるのに二年かかりました。これは、後から分かった事です。

私の祖父は、明治時代に質屋を営んでおりました。貧者を相手にするのですから真っ当な商売ではありません。ある時は、貧者の着ている物まではぎ取って金に換えたそうです。父も母が妊娠しているのに飲み屋の女と駆け落ちした人でした。このような先祖（前生因縁）の業を私の代で果たす事になったのだ、と道に来てから分かりました。次に主なるお仕込みです。

お仕込み（四回目）五一・一二・二四

……みたまさんは　天の分かれですよ……われわれ日本人は　さあ　さあ一人一人　天の分かれです。そのみたまさんによって　息の息です。（息の根本がみたまの意）……世の中がゴチャゴチャになった　これでなあ　よんどころ無い　こうゆう道によって　さあ　さあ　元の元　みたまさんを……いじっているんへ。そうしてなあ　呼び起こしたんへ。**これからは　みたまによって　生き了すんへ。……それが日本です。……お前さん　気がついた……心は余分です。みたまさんが　人間を建て替えるんですよ。**

杉原　心は余分と仰せられた時、唖然としました。「心一つが我の理」と教えられてきた者にとっては晴天の霹靂でした。

内藤　「神は、心の自由」を長い間、人に与えてきました。その結果自然を壊し出鱈目な時代が生まれてしまったのです。この辺で「勝手きままな心の自由」を閉じ「みたま通りの人間にする」。そして、理の通り生きる日本人に仕込むのが「余直り　世直り」なのでしょう。

お仕込み（九回目）五二・七・二三

……お前さんよ　昔　天理王で　あたらしい道のことは　知らなかった。……日本根の国　これをなあ　天理王から知らされているだろう　**根が現れたら畏れいるぞい。**こうゆう風に言っていた。ダメな世にダメ押しするのが　この道でした。　さあ　分かったろう。

杉原　本物の理に会ったのだから全てを忘れてこの道を選びました。

お仕込み（一一回目）五二・一一・三

……世の中　何から何まで理に飢えていてなあ　寂しい　寂しい　ほんとうに寂しいんですよ。ところが道の理は　どんな人にも分かる。あたしい道の理は　日本の理です。

お仕込み（一三回目）五三・四・二六

……あたらしい道は裏の裏です。お前さんは表の理ですよ。お前さん　この道は裏ですから裏の方が理が高いのですよ。表の理は幹でございます。裏の理が根ですよ。天理王の……もう一つ上だ。　益々　向上　向上　これが日本だ。さあ　お前さん　頭の建て替えですよ。

杉原　T教は表の理であり日の理です。つまりお日様の理で温かい母の理である。道は裏の理であり父の理である。寒天の月のように理の実行を厳しく求める。天理王が果たせなかった世直りを天の理によって果たそうとされているのだと思いました。

三　音が出る……

第一四回目のお仕込み（一四回）五三・五・一八

……お前さんというお方　もうこれからですよ。**一切合切を　成るに任せるで**　……それが本当だ……そうゆうお気持ちですね。……お前さんは　みたま通り　そうなりました。お前さんお前さん……頭は空っぽです。……心は無くなりました　大いしたもんです。**これからは　一切合切　天まかせですよ。**

お仕込み（一五回目）五三・七・二二

……お前さんの理　天理王とは　さあ　さあ　えらい違いですよ。これから　ボンボン　棒で殴るんですよ。誰を　誰を　さあ　さあ　言いますよ……浮世のお方で　仲の良いお方……そうゆうお方を　何とかして　思い方を建て替えさせる。そうしてな「天の理」を戴いて喜びあふれて素晴らしい　素晴らしい　道のお方に……　そういう風に　ならそううえ。

杉原　この後、松の間で「……貴方の身の内が　おたついておりますね……おろおろしてましたね……**あなたは　みたま通りでございます……心はありません**……喜びなさいよ……**T教の方でみたま通りの方は一人も居ません**」と、お言葉を戴き嬉しかったですよ。

内藤　T教で「みたま通り」の方は、飯降伊蔵《いふりいぞう》だけだったそうですよ。道には、何人も「みたま通り」と戴いた方が居りますよ。私も昭和六〇年に「みたま通りに成りました。」とお仕込みを戴きました。しかし、私だけでなく、みたま通り活躍し伊蔵を超える道友を今のところ知りません。未だ理と法が、はたらいていないと言う感じです。

杉原　みたまは、業が取れ「理の通り歩まない」と、能かないようです。その為には苦を買い、それを味わないと本物に成りません。

お仕込み（一七回目）五三・一二・二三
……お前さんは　あたらしい道の事を気にしているらしい……この道によって……**国替えなんです。……まご　まごしていたら　日本國は潰れますわな**……とんでもない……とんでもない。
……さあ　さあ　この道は　天の理です。この道は　元の理です。お前さんよ　思いを　新たにこの道を　湧きかえらすんです。……これが　みたまさんからの　申し送りですよ。

お仕込み（一八回目）五四・一・二三
……俺という人間は　喜ぶけれど　直に逆になっちゃう……世の中が　どん底になったら　お前さん　わめくだろう……これからは　己を　ぶん殴って……立って　立ち了すんですよ……それをしないとな　事があったならば　もうダメですよ……お前さん……建て替え　建て替え　さあさあ　急ぐわなあ……絶対の理を無駄にしないで　本氣　本氣……さあ　さあ　絶対　絶対　かむはかりです。

杉原　十九回目のお仕込みを五四・二・三に戴きましたが、この日、お仕込みを戴いている間に「**みたまから音が出たんです。**」

それは、「……**はっはっ　はっはっはっ　どんどん　どんどんどん**」と言うものでした。突然の音ですので吃驚しました。その時のお仕込みです。

……お前さんに申します。**底が抜けてしまいました。この道はな　底が抜けたら大海なんです。これからなんです。どんどん　何もかも　みたまから　浮かぶ　浮かぶ　浮かびます。……浮かんだ通りを実行　実行……実行です。……これが「みたま通り」なんです。**

杉原　みたまさんから浮かんだ通り実行しようと決意しました。先ず家族から決別しようと思い、実行しました。前からお國のために愈々となったら家族などにかまけてはおれないと思っていました。当時、K氏が大阪に居りました。この方は理も法も能き、彼の教会には弟子や信者が多く居て活気に満ちておりました。私のあこがれの先輩でした。そこに行って修行しようと思い家を捨て二度と敷居はまたがない覚悟だ、と妻に話しました。妻は号泣しましたが、後を振り向かないで家を出ました。

お仕込み（二〇回目）五四・三・二七

……この道　この道　この道になりおおそう　そうゆうお気持ちです。……お前さんの誠を天上は　見てしまいました。……これが本当です。

松の間のお言葉　五四・四・四（根九十号一四四頁）

浮世の宗教とT教は別なんです。T教と仏教は特別なんです。……（戦後の宗教は）憑き物（蛇、狐等）が　お蔭をもたらしているんです。……　現代……T教の表の理だけでは弱いのでございます。根を掘り己の前生の汚れを知る……これからは　みたまの汚れを磨き……理と法が能くようにするのが本当です。

杉原　T教は、日本全国に多数の教会が在り外国にもあります。しかし、現代の問題に対応するための理と法が弱いのです。医学の発達した現代において「心の埃」だけから病を治そうとする事は難しい。その点、道には天から戴いた理と法があります。みたまから必要に応じて「ふう」と浮かばされる。あるいは、みたまから指図される世界があります。ここに「みたま通りになる」強さがありますよ。

息の授けを戴く　　五四年六月二三日

こういう時代に生まれ合わせて　お互い同士が　手を取り合うのが情の情です。お前さん目利きに成りました。肚の底から　でんぐり返りました。それでは　今からですよ　息の理です。

杉原　この日、三六名に「息の授け」がなされました。

ある日、K氏の法力（手を患部に当て病気を治し礼金を得る法）が、動物霊によるものだと気づきました。彼には、誠がありません。単なる商売でした。傍に居た秘書役の方は、妻で無く愛人である事も知りました。未だ人を見る目が無く狐に騙されていたのです。幻滅しKの家を出ました。情け無くて涙が止まりませんでした。

内藤　業が、みたまにに残っていると判断が狂う時もあるようです。

杉原　皆さんに聞いて戴きたいお言葉がありますので聞いて下さい。

お言葉　五四・七・一〇

……貴方さん　危うございます……あなたの左の背中ね……右の胸とに……ヒビがありますよ。

貴方　T教でしたね……信者さんに　どんどん　理をおっしゃる。　それは　いいことです……。

図 3-1　中南門屋（10 畳）・教祖様は明治 16 年ここで「お助け」をされていた。
松下美千代・画

それ以外のことは　思わないことですよ。
五五年一月より三月下座を通る　その時の御面接の
お言葉（一・二三）
浮世が贅沢でメチャメチャなのに良く三月下座を務
めてくれたなあ　天上が褒めちぎっておりますよ……
みんな　真ん丸く成りました。果たしあい　それがこ
の道でした。
お言葉　五七・二・九
……手前（おやかた様）は　若い時（大正一二年）
には、T教の理が大好きでした。ところが金をせびら
れるのでね　辞めちゃったんです。……どうぞ道に手
を貸してください。

杉原　図3－1は、明治一六年、教祖様《おやさま》（中山みき）
が、お助けをしていた中南門屋です。この質素さが、
「T教の原点」です。中は六畳と四畳の計一〇畳の間

図 3-2　大神殿（3157 畳）大正 3 年建築
注：絵葉書に加図

です。門を兼ねたものです。ところが、大正三年、神殿が建設されました。更に加設され（図３－２参照）、現在では、三一五七畳の大殿堂になりました。信者は、この維持の為に献金をせねば成らないのです。その経費は膨大となり、それは末端の信者が負担するようになりました。上納金制度から末端の各教会長は、信者が欲しい、金が欲しい、という思いに、……本来、お助けが先でした。

内藤　三一五七畳の維持が「金が第一」にさせ、理を曇らせたのでしょう。教祖の真意は、「限《きり》無し普請では無く、限りなしお行」と解するべきだった、と思いますよ。

杉原　大正三年以降から上納金制度が出来、これが問題でした。これは、親様の教えと関係ありません。このように金が先に成ると天理が曇ります。どの宗教も良い事を教え、そして金を下さい、と言う結論に成ります。その点、道は財団法人ですから金を求めません。大伽藍もありません。東京会館などは、六畳四間の規模です。我が家より小さいのが愛嬌です。場で理を仕込まれ己を掘り、業を果たす所です。更に「みたま」が能くように己を建て替えるのが目的です。

お仕込み（三七回目）五七・三・一〇

……**（今の）日本の国は　本当につまらないけど　必ず　必ず　弥勒《みろく》の世に変わるんですよ。**お前さん　ご自分を変えるんですよ。天上で　お前さんは表裏が　あまり有り過ぎるんだ……お前さんT教でしょう。T教は幹です。この道は根です。そこをお前さんはいい塩梅に利用してきました。……これからの人生は　あたらしい道を主にしてT教は連れ位に……。**これからは根の教えが　日本を元に還す。それだけの価値があるんだ。あたらしい道に　思いのすべてを置くのが本当です。**

内藤　「弥勒の世」とは、十の心の埃の取れた「理の通り生る」世だと思います。

杉原　この半年後には更に天からの催促を戴きました。

お言葉　五七・一〇・一

……手前の身の内からね　T教は棒ですよって　この道は杭ですよ。天は　杭ばかりをせがんでいるんですよって　これを何とかしてT教の幹部にお話ししてくださいよ。

T教の内棟梁と表棟梁にお話しさせて頂きますと、この時お答えしました。

お言葉　五七・一二・九

大天理教には　物があります。全国津々浦々に教会があります。……**あたらしい道が根であるからには　本部があたらしい道に根の理を　どんどん　もらいに来るのが本当だ。**しかし、今は、大天理教を　お立てするんです。……どうしても古い道だから　お立てしてあげましょう。この道には物がないのです。これから物がいるんですよ。（世直りの時、みたまの綺麗な人を助けるため物金が必要に成る。）……大天理教が　この場に物をよこすのが本当　それをしなかったら天上は驚きますよ。これだけの事　はっきり申しました。……**この道の教えはT教と段違いなんですよ。道の教えは　目に見えないところ……先祖の業……己の業を教える。何百年前の根の汚れを教える……T教の教えは　見えるところだけ。……道は　みたまさんが　能くんです。この道によって　男としての本領を果たすんです。あたらしい道だけが　天からです。この道は　み**

たまの業を取り　みたまを磨き　みたま（根）を太らし身を世の為、人の為に果たす処なんです。

内藤　今後は、T教をお立てして協力し合って「國の為に働け」と言う意味だと思います。昭和四一年一〇月一日に「……**天理王は天啓でした……あたらしい道は　國を救うために天からの回しである……天の創った処」とありますよ。……**とにかく「みたまに付いた業をへぐ」ことで「みたまが能く」ようになるのでしょう。みたまを磨いて「**みたま通りに成る事が　この道の究極です**」と教えられております。これからは、それが　能かねば生きていけないのかもしれませんね。T教には、「業の果たし」と言う教えが無いので業が取れないのでしょう。更に業がある限り陽気に成れないのだと思います。この点は、我々にも通じますが、業に対する十分なお詫びと果たしが日々の「お行」だと思います。

四　世直り・國替え……道の本願

杉原　つなかって八年目の五九年に日本の建て替えのお仕込みを戴《いただ》きました。

お仕込み（三九回目）五八・三・二

……**天は言うで　この道あるから　日本は建て替えなんだ。**さあ　天理王は過去（江戸時代）だ

これを知るんです。これだけの事　お前さんとして　どん　どん　どん　理を振り撒く。

内藤　道の本願は「世直り・國替え」です。T教には國の視点が薄いですね。

杉原　幕末に貧民（谷底）救済を目的として生まれたのですから国に関する視点はありません。

内藤　「八つの心の埃を払う」という具体的な教えを出した事は歴史上画期的でした。それまでの宗教が、拝み信仰でした。神社で五穀豊穣を願うのは農民の自然な姿でした。百八の煩悩を捨てるはずの仏教が江戸時代になるや葬式、商売繁盛、厄除けを願う、つまり欲望の追求の寺と化してしまいました。しかし、T教は、八つの埃に加えて嘘と追従を尺度に「己を建て替える」と倫理性の高いものでした。道では、これに増上慢、勝手気ままな心の自由を加えて十の埃に完成させました。しかし、我々は國に重きを置き身上助けを軽んじてきました。そのため人が集まらない。

杉原　昭和五〇年初期で道友は一〇〇〇人は居ました。しかし、粒が揃わなかった。理と法が能くレベルに行きませんでした。別の面からみれば、世直りの時期が来なかったのかも知れません。

越すに越せない日は、これからですよ。……これからが、世直りの本番のように思えます。

お仕込み（六三回目）六一・一〇・一六

……あたらしい道によって　物を大分減らしてしまったから　段々　寂しくなっちゃった。お前さん　それは間違いですよ。あたらしい道の事……お金が必要だから　どうしようもない　そうゆう事思った。お前さんの事　天上は　間違いだ　間違いだ　と……。お前さん　はっきり納得してほしいな。お金の事よりも体の方が大事　これを　お前さん　覚えておいて下さい。

杉原　本当は信者さんを道に連れて行きたかった。私は、信者のお供えで生活が成り立っているのでそれができなかった。毎月の信者のお供えの中から道に「理立」をした。信者さんには理で繋ながってもらいそれで済まそうとしました。それを指摘されたのでしょう。

内藤　大神殿の建築が問題を生み出しました。更に、大組織と成るに従って、人が運営するのでお金と人の問題が生じます。お金が先になってしまいました。教祖様は、冬でも人が来ない限り火鉢に炭は入れない生活であったとお聞きしております。ある時、

「伊蔵さん　あんたさんは　いずれ高いお役に着くでしょう。しかし思いは一番下に置くんやで。

思いが上がれば　心は濁る　心濁れば　神は遠のくぜ」と念をおされたそうです。我々は、常に質素と下座が大切なのです。いつまでも人は、「お行」なんですよ。

「**人は　しばしば　垂れるうちは　人間完成は無く　死ぬまで　お行だ**」と教えられております。

先生に成っては心が濁り高慢と成り、いつか転ぶのでしょう。歴史上、天理教の強みは、百年以上に渡る身上助けの理と法、そして、経験の歴史がある事だと思います。これにより多数の信者が集まりました。他方、身上、事情助けに囚われ國に対する視点が弱いようです。化石燃料の大量消費、二酸化炭素の大量排出により地球の温暖化が悪化し、今は國の危機です。自由市場制度、民主主義制度は、欲望を拡大するシステムです。人が心の自由のままに歩んだ結果です。自然という生存の基盤まで欲望が汚染し破壊してしまったのです。これは、今の制度では、これを解決出来ないでしょう。人類は、末世を迎えようとしているのでしょう。

杉原　心の一つの自由が「**欲に限《きり》無し　泥水や**」**の状態を作ってしまいました。**そこで天は、お灸をすえるらしい。それが越すに越せない厳しい時なのでしょう。天変地異による天意現成なのかもしれません。この時、業の者を天のフルイにかけ「みたまが開く」のでしょう。これを通して世直り・国替えに成るのでしょう。その後に「弥勒の世」に導かれるのだと思います。その前に……近々……の内に　**越すに越せない通るに通れ無い日を迎えるのでしょう。**

内藤　その時、みたまが開くでしょう。……みたまが開き能くのは、歴史上初の事です。その前に歴史上最大の國の危機が来るのだと推測します。

……何もかも上がったりじゃ……世の中シーンとする時期が来ます。そうゆう時に日本人は　臍（みたま）に成ります。（根九号五三頁）

……二酸化炭素本位制の立場から見たら、これ以上、車やジャンボ機を勝手に使用することが難しい時代が来る……一gのCO_2の排出にも規制をかける日が来ると思います。そこまで追い詰められないと現代人は、己自身で世を改善出来ないのです。

杉原　歴史上「世の中がシーン」とした日は、明治天皇がお隠れになった明治四五年七月三〇日と敗戦の日・昭和二〇年八月一五日の夕だそうです。誰一人話す人が居なかったそうです。

内藤　世直りの日は、お金だけを求めて奔走してきた人々が目的を失う日です。自然や命を忘れ、末世をもたらしました。やがて、どん底を打って這い上がるのでしょう。その後「**日本國中に理が行き渡って　國《くに》替えです**」と教えられております。共々、みたまを磨きながら「理の種を國中に播きましょう」。これが人の為、國の為です。（終）

（この対談は、内藤の平成二二年の三月下座中になされた。しかし、数年間頓挫していた。当時、私がT教をあまり理解できていなかった。その後、箱田増実が氏の遺稿集を纏められたので不足分をそれで補う事ができた。それを元に、令和二年一月、天理市の生野詰所に中村利明、加納如雷、箱田増実が集まり練り合った結果、纏めたものである。更に箱田は「教祖様」芹沢光治良著を新資料を消化し最高の「中山みき伝」に完成させた。本稿もそれを参考にさせて戴いた。）

令和二年二月十五日

第四章

父の「みたま」が息子に入りくむ

大阪・秋田　邦雄

要約

秋田夫婦は、仲が悪かった。妻は、離婚の相談の為に、おやかた様に御面接を戴いた。「夫を立て切りなさい」と諭され離婚は回避された。夫は、岡　潔博士を尊敬していた。昭和三九年にお会いする機会があった。その際「地球（人類）は、後二〇〇年位しか持たない」と博士が語られた由。道の教えにも「……あらあら一〇〇年……」と言う教えの在る事を知る。

尚、息子の邦男は、我儘方楽を続けてきた。しかし父の臨終間際、父の情を知る。父が息を引き取るや、父のみたまが、邦雄の体内に入り込む体験をする。

後に「みたまが、能き」、「理と法」の人と成り義父の癌を治すまでに成長する。

内藤　秋田邦雄さんは、若くしてこの道に御縁がありましたね。親の代からの御縁をお話ししてくれますか？

邦雄　あたらしい道を、最初に知ったのは母でした。母が三五才の時でした。昭和三八年当時、私の両親は仲が悪く離婚寸前の状態でした。母は、創価学会、天理教、生長の家、実践倫理宏正会など様々な宗教に救いを求めました。更に三輪山の行者について山を行脚しておりました。ある時「大法輪」という雑誌で「あたらしい道」を知りました。そこには「臍（みたま）は神の座である」。臍に先祖の業と徳が刻まれている。更に、今生で積んだ業と徳も刻まれる。今、現れている様々な出来事は、業と徳の帳合によって発生している、というような内容であったそうです。早速、母は一人で羽曳野の本部まで行き、おやかた様から御面接を戴きました。その要点だけを述べます。

一　母・秋田誠子の御明断……お氣の毒な因縁です……（昭和三九年一月一一日）

あなたさんが　様々な宗教を求めたことは結構ですが　三輪山の行者に付いたことは　失策でございます。その行者は　あなたの（みたまより）格下の方です。あなたさんの氣持ちは　澄みきっていたのです。しかしその行者の氣を受けてあなたの「みたま」が、ボコン　ボコンに成ってしまったのです。今晩　南の方に向かって大きく口を開いて「あー」と言って下さい。それで結構でございます。（みたまに付いた邪が取れるの意か？）

……あなたさんは　私と因縁が似ております。あなたさんと御主人は　まったく正反対で本当にお氣の毒な因縁です。私と天村（夫）の因縁にそっくりです。……あなたは　御主人を馬鹿にしてはおりませんが戴いておりませんね。……それは御主人が立派すぎてあなたが　足りないからですよ。あなたさんが　もっと自分を　掘って掘って掘ったら　御主人が貴方の方を向いてくれるようになります。夫婦というものは　お互いに足りない所を補い合って生きていくんです。……あなたさん　御主人をここへ連れて来られたらどうですか？　御主人が　喜んでここへ来れるかどうか　あなたさんの誠が見たいですね。

（はい）

あなたさんは　藤田小女姫《こととめ》（占い師）みたいに成りたいんでしょ。……ですけど子供四人もいるのですから　お台さんの様になってはいけません。自分を掘っていたら　そのような霊能者にはなりません。……一家の平凡な主婦となって家庭を守り　四人の子の立派なお母さんになりなさい。（母は、平凡な主婦に成りなさいというお言葉に感動して、この道を信じるようになりました。）

あなたさんは　小さい時からお姉さん（母の姉）からきつくされましたが　お姉さんとは因縁が違います。あなたさんは　父方の因縁　お姉さんは母方の因縁です。あなたさんは　お母さんの腹を借りただけですよ。（母は場に来る前に、おやかたさまに手紙を書いておりました。その中で、邦雄の妹の洋子が生後九ケ月で事故死し、その苦しみを綴っていました。洋子は、ハイハイと這っている時にガスのホースに手を取られて転び、ストーブの上のヤカンの熱湯を体に浴びて早逝しました）。そのため親類から母は、駄目な女だと批判をあびておりました。葬式の時、親類の誰かが、「自分で子供を殺したくせに泣いているわ」と言う声が聞こえたそうです。今でもその声が忘れられないと語っておりました。このような体験が宗教巡りをさせた要因です。それに対して、おやかた様は

「……その子は神だったんですよ。夫婦の因縁で　そういう風になるべくしてなったんです。その子が死んで　この道に導いてくれたんですよ。娘さんを乳児期に亡くしたことは　この道につながるための因縁だったのです」と。（告げられ、母は思いの整理ができて救われたそうです。）

内藤　子供の事故は、前生からの因縁から生じた出来事だったのでしょう。この道の尊いところは、

人類史上初めて前生からの因縁を明らかにした点です。

邦雄　母の御面接から二日後に、父（四〇才）もおやかた様の御明断を戴きました。

二　父・秋田富雄の御明断……天も驚く大欲です（昭和三九年一月十三日）

……あなたさん御夫婦は　着物を裏返しに着て（人生を）通るんですよ。私は　そのまた裏を返して通ったんです。……あなたさんは　女房さんに対して愛情の「あ」の字もありません。（あなたは）片方だけですよ。（母から父に愛情があるが　その反対は無いと言う意味）世の中の夫婦は両方ともありません。片方だけでもあったらましです。……あなたさんは　天も驚くほどの大欲です。（父は富雄の名のごとく物金に執着するところがあった）でも、大欲は無欲に通じます。自分や家族だけのために一生懸命お仕事をするだけでは　いい人とは言えません。やはりお知り合いの人に　この道の理をお話しすることによって　それが広まって　世の中がよくなり國替えにつながるんです。長生きして世に貢献しないと駄目です。……世の中が（物、金を求め過ぎ）間違っていることを知らねばいけません。それを成程と思って　それによって自分が生長するんですよ。世の中いつまでもこんな世ではありません。今に変わりますよ。その時どうしますか？（人は）ご自分の分通り生きなければなりません。……あなたさんは　氣があかんと申します。淡雪ですよ。（父は氣が極端に弱い性で、それを建て替える氣も淡雪のように薄かった。それを変えるために）火になりなさい。水では駄目……あなたさんは「分」以上に家や土地を買いましたね。（人生の）終りにはそれが　全部パーになります。

邦男　人には生まれながら「分」というものがあり、分以上に金や物を持っても、何れ「分通り」に成ると教えられております。事実、父が当時持っていた土地は後日、全部人手に渡ってしまいました。

この御明断を戴いてから、おやかた様から母に対して「夫さんをちょっとお借りしたい」というお言葉がありました。そして昭和四三年一月四日より父は、本部で奉仕し常住となりました。天の「ちょっと」は、三〇年間という時間でした。昭和五〇年の一月に菅原茂次郎先生が急逝され、その直後からおやかた様の「脇息（きょうそく）」の役をさせていただくことに成りました。言わば、秘書官のような役です。父は内向的で臆病で引っ込み思案の性格でした。しかし、常住になって仕込まれたお蔭で、何でも出来る一人前の男に生長したと母が語っておりました。

三　岡潔博士の予言……地球（人類）は、後二〇〇年しか持たない！

邦男　道を知る前は、数学者の岡潔博士を両親は尊敬し文通をしておりました。父は、数学が好きだったのです。昭和三九年三月二六日に、両親は岡家に伺いお話を拝聴しました。話の中で先生は「……地球（人類）は、環境の悪化により後二〇〇年しかもたない」と語られたそうです。後で知ったことですが、道に「……あらあら一〇〇年」と言う御垂示《ごすいじ》があります。父はこれ等の数字が非常に気になった、と語っておりました。

内藤　現代は、欲望のままに化石燃料や鉱物資源を消費しております。その排ガス、特に二酸化炭素を大量に大気圏に排出していけば地球の温暖化と環境汚染によって人の住めない状態と成るのが、昭和三九年の推計で二〇〇年だったのでしょう。その当時の二酸化炭素濃度は三〇〇ｐｐｍを超えた頃でしょう。昭和四八（一九六八）年のそれは約三一五ｐｐｍでした。それが平成一二（二〇〇二）年までに三七四ｐｐｍに上昇しました。図４－１のように二〇二二年は四二〇ｐｐｍを超えたのです。一九九八～二〇〇三年の間に年約一〇五ｐｐｍ上昇し、二〇〇三年には年平均約〇・四九度気温が上昇しました。経済成長に比例して化石燃料消費が増加した結果です。CO_2の増加ばかりでなく大気中のメタンの量も九〇〇から四四〇〇ＰＰＴに増加しております。

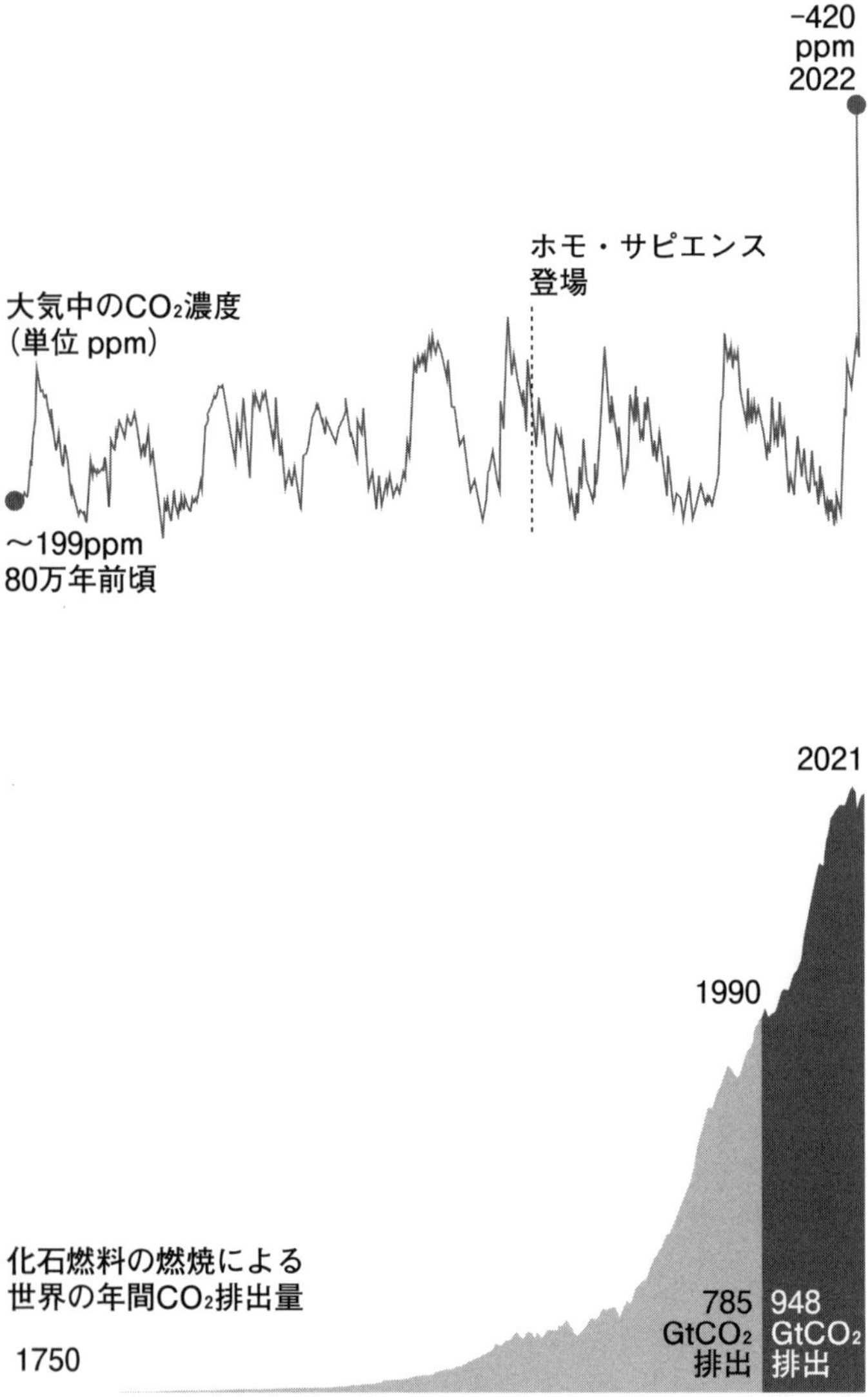

図 4-1　炭素予算の減少と CO_2 濃度の推移
（出典：『気候変動と環境危機』河出書房新社 2022 より）

二〇二一年までのCO_2の累積は約九〇〇〇億Ｇｔに至りました。炭素予算が急減しているという事です。（この数字は、対談後に分かったものである。メタンやフロンを加えた地球温暖化効果ガスは、二〇二〇年五四〇〇億ｔに達した。）

このトレンドで推計すると岡先生の計算よりも短く成り、人類の寿命が百年位に成るのかもしれません。道では「……あらあら一〇〇年……」（根二三号四三頁）と教えられて来ました。その意味は必ずしも分かりませんでした。しかし、この道の出来た時に人類の危機が警告されていたのでしょう。

やかたの奥の院が「国が危ない！」それをなあ

昭和二七年（一九五二）一二月六日に叫びましたんえ（根三五号一五頁）

昭和二七年の百年後とは二〇五二年を指すでしょう。私はエントロピー（エネルギーの汚れ）学会で環境問題を研究しておりました。学会では、昭和五五年頃、「……化石燃料の消費による経済成長が続き、このまま自然への排ガスの汚染が続くならば、環境の悪化で一五〇から二〇〇年位で、人類が生存出来ない状態に成るであろう」と推計しておりました。しかし場には、その認識は薄いように思えました。あらあら一〇〇年の意味を単なる比喩と捉えていた方が多かったようです。

平成二五年の日本のＧＤＰは、約五二九兆円です。これを生産するために約一三億ｔの二酸化炭素を排出しているのです。二〇一四年のＩＰＣＣの報告によれば、二酸化炭素の累積排出量の上限を二兆九千億ｔと推計しています。既に排出済みの一兆九千億ｔを引くと残るは、約一兆億ｔです。これを世界総排出量、約三百二十一億ｔ（二〇一五）で割ると約三十年です。つまりこれだけの排ガスを大気圏に排出し続けると約三十年（二〇五二）後には、地球環境の悪化により都市の気温は四三～四五度位に成るとＮＨＫ（平成二八年八月二八日放映・「巨大危機・地球温暖化」が推計しておりました。

邦雄　四五度の街には住めませんね。この時に人類は生存できるのでしょうか？　この「一兆億ｔ」が自然の摂理なのですね。これに人は、従う以外ないのですね。

内藤　そうです。これが「天の決め」と言ってもよいでしょう。何れ欲望が、止められる日が来るのだと予想されます。

邦雄　現代は自分の分を知らず、欲望への歯止めを失い、自然の決めを無視している出鱈目な状態なのですね。

話は代わりますが、私は、二十一才の時、第一回目の御面接を戴きました。これは、御明断と言っても良い内容のものです。これは、その時のものです。

四　臍が開いている……第一回目の邦雄の御面接（昭和四九年十一月十八日）

あなたね　ご自分を建て替えようというお気持ちでしょう。あなたね　大したことですね。自分で自分を　ワイ　ワイ　ワイ　湧き上がらしていますね。であなたね　血を湧かしちゃっているんです　血が湧いていますね。……自分をついてね　これではいかん　こんなことでは　いかんというような心境にね　ゴロリと建て替わったんです。それからね　あなたねお父さんを戴くということをね　今迄知らなかったんでしょう。それでね　お母さんにばかり甘えたくて　お父さんにあまり氣が無かったんです。それが　つい今ですよ　お父さんがいいな……という氣持ちになった　これが素晴らしいんですね。そうしたらね……あなたね　お父さんの血ですからね　その血が得も言えんのですからね……。お父さんを戴く氣持ちになったことが大したお徳でございます。……臍（みたま）が開いちゃっているんです。開いちゃって……ちょんと（みたまが）出ているんですね。どうしても　あなたね　……親孝行　親孝行……という事

をね　今の世の若い人に言わざるを得ん　そうゆう立場になっちゃいました。親をそっちのけにしている今の世の中です。それでもって生きていけようはずがありません。

内藤　マザコンをたしなめられておりますね。母を愛しすぎると男は弱くなります。お父さんを戴いて「父のみたま」を通して自分の「みたま」も能《はたら》くのです。みたまが能いてこそ日本の男は、お國のためにも働けるのでしょう。

邦雄　二十二才の時に一カ月の下座をさせて戴ました。その最中に頭が混乱し、第二回目の御面接を戴き、次のお言葉を戴きました。

五　氣儘方楽《きままほうらく》な方です……御面接（昭和五〇年七月二九日）

あなた　この道が　嫌じゃないでしょう。ただご自分で色々やりたいことがあるんですね。余分なことばかりをね　やらなきゃならないのね。……氣儘方楽にね　している習慣ですね。……ここはね「決め」があるからね「(天の)決め」通りにしないと(「行」に成らない)　これ仕方ないんです。……自ら好んで「お行」に来たんでしょう。……それはね　頭をスカーンと空っぽにしちゃうんです。やかたの言うことやお父さんの言うことが自分の分に合わないと思う事が頭にあるんですよ。それを一遍　スカーンと空っぽにしちゃうんですよ。座布団を敷いて……ドーンとでんぐり返るの。そうしたら頭が空っぽになります。……それからね　ご飯を有難う　有難うと言って戴くんですよ。ご飯を三度三度有難う　有難うと言って戴くのです。（普通の事を喜ぶんです）……あなたね、お母さんに似ているということ　ご自分で知っているでしょう。（それは逆で）お父さんに似るんですよ。……お父さんに似る（手本にする）こと　何でもない事です。一遍ドーンと頭を空っぽにしたらね……　今晩からお父さんに似てきますよ。

内藤　現代人は　天の決めを忘れているのです。天の決めの大切なものは、父を戴くということ。父は、先祖に繋がる第一の門なのです。母ではないのです。更に、人は自然の摂理に従って質素に生きよと言うことです。自然は、絶対の基準なのです。

人間というものは　天の「決め」があったんえ……それが　たどたどしくなっちゃった……もう一遍　元に還さにゃ……これが天意（根九号三〇頁）

六　父の「みたま」が息子の「みたま」に入り込む

邦雄　話は変わりますが、母は昭和四八年から平成一五年の約三十年の間に「みたまが、お腹（臍）から胸を通って喉を過ぎ頭の天辺まで上がってきて脳天から出ていく」そのような体験を何度かしたそうです。その時は、脳天に板を置いて押さえてきたと言うのです。その苦しさは耐え難いものであったと時々語っておりました。

昭和五〇年ごろの話ですが、母が臍（みたま）からの突き上げが酷く成りました。みたまが、頭から抜けそうになるのだそうです。その都度、場に常住していた父に電話をして理を聞きました。理を聞くとそれが治まるのです。しかし、暫くすると臍からの突き上げが又酷くなり、又、父に電話をして理を聞く。このような繰り返しが暫く続いた時期があったそうです。私は、世直り国替えの時に各人の「みたま」が開き母の様な状態に成るのだと思います。それは「みたま」の汚れ（業）が噴き出る。最初は先祖の犯した業が噴き出る。更に、自分が今生で犯した業がそれに加わるのでしょう。その業に振り回され、氣が狂ったような状態に成るようです。井戸に例えれば、井戸を掘る時、最初は泥水が出てやがて真清水に成るのに似ています。この時、みたまの汚れを天に詫びる必要があります。積年に渡り積んだ「業」を「さんげする」必要があります。

そして「みたま」が人の本当であり、肉体はその入れ物である事を知るのでしょう。人は物金《ものかね》を尺度とするので無く、理の通りに歩むという事が人の本当の生き方なのです。みたまと理は車の両輪のようなものだと思います。話は前後しますが、私の父は平成十年十二月一七日に他界しました。父が臨終を迎えて脈拍計が〇になった瞬間、「父のみたま」が、私の「お肚」に入り込む体感をしました。それが、胸まで上がった時に「スー」と寂しい気持ちになりました。その瞬間、今までの親不孝が思い出され、申し訳なかったという気持ちが沸き上がり涙が止まりませんでした。姉によると一五分位、父の亡骸の傍で独り泣き続けていたというのです。

内藤　父の「みたま」が、入り込んだ体験は南波哲之輔氏（神奈川）にもありますよ。

邦雄　私の経験は、父が死ぬと同時に私の「お肚」に父の「みたま」が入り込んだのでした。南波さんの場合は、何十年という時間を超え「父のみたま」が蘇ったというのが神秘ですね。みたまは時間、空間を超えていると教えられておりますが驚きました。

内藤　過去、現在、未来を通して生きるものは「みたま」であると教えられております。二人の体験は「みたま」は永遠であると言う事を証明してくれました。

次に、貴方の御明断を聞かせて下さい。

七　邦雄の御明断……昭和四五年一〇月二五日　（邦雄一七才）

貴方は、お父さんに似ておりますね。……あなた　ものを言うのがチョット鬱陶《うっとう》しいんじゃありませんか？　窮屈になっております……段々　つう　つう　つう　言えるようになりますから見ててごらんなさい。……あなたはね　大きなことを言う人です。これだけの事をこの位に言う人です。なかなかな大物です。……来年は一遍に大人に成るでしょう。……誰にでも良いことを言える方です。（はい）……私に何か言いたいことがあるのでしょう。（この時は、音楽をやりたいと熱望しておりました。）しかし（貴方は作曲を）本職にするのは絶対に向きません。いくら才能があっても向いておりません。貴方は人的な面で……人　人　人　人に成ることが才能です。貴方は学校の先生に成ることが向いております。……教育畑ですね。（はい）

邦雄　私は高校二年の九月に家出をしました。高校一年まで成績は上の方でした。そのころからクラシック音楽に興味を持ちました。段々、高校の勉強を放って、音楽に夢中になって行きました。そのため二年生になってからは四七〇人中、四六三番となり落第生に成ってしまいました。それでも作曲への情熱は衰えません。家出後、学校に行かずに、ピアノソナタ第一番・一～三楽章、ピアノ協奏曲第一～三楽章、交響曲第一～四章を完成しました。そのため落第をしました。話は前後しますが、親は作曲に凝って成績の落ちた息子の将来を案じて、いつも夫婦喧嘩が絶えませんでした。私もそんな家が嫌になり、祖父の金庫から三十万円を持ち出し、和歌山、名古屋、東京、仙台、青森、秋田、新潟、富山、長野、山梨、神奈川と放浪の旅に出たのです。宿代の余裕はありませんから電車の中で寝ました。一週間もそれを続けると生活が息苦しくなって来ました。下着は汚れたままですから、身体が痒く成ってきます。昔から「可愛い子には、旅をさせよ」といいますが、旅にでれば朝食一つ作ってくれる人はありません。雨露凌ぐ部屋もありません。身に沁みて自分の甘さを体験させられました。段々我家が恋しくなりました。お金が尽きて一〇月半ば家に帰りました。ちょうど両親が家に居り「お帰り」と一言、言っただけでした。

内藤　秋田家の方々は甘すぎますね。私も大学四年の時に居候生活が嫌になりヒッチハイクに出ました。毎日、一〇円のコッペパンを三度水で食べて過ごしました。夜は駅のベンチで寝ようとしましたが、蚊が来て眠れませんでした。ベンチでは寝返りもうてないのです。栄養失調と睡眠不足の貧乏旅行でしたが、平凡な生活の中に「しあわせ」があると悟りましたよ。

邦雄　若人にとって貧乏旅行は最高の教育ですね。父は、両親から親の愛情を受けずに育ったので子にどのように接してよいか分からなかったのだと思います。その後、高校では落第し四年かけて卒業し、四八年六月、東京のアパートに移り大学受験の勉強をしました。とにかく音楽家に成りたくて、作曲家の芥川也寸志先生や東京芸術大学の村松禎三先生をお訪ねしました。同じ大学の池内友次郎教授に師事しました。この間、何度か父が上京し私の言う事を聞いてくれました。後で父の日記を読んで気づいたことは「息子がこれほどまでに反抗するのは、全部自分に責任がある。自分が至らないからだ。だから自分を建て替える以外ない」と覚悟して、私の相手をしてくれていたようです。雑談の中で道の話も父は語りました。

人間の臍の裏に「みたま」が存在する。夜寝る前に、毎晩、自分の臍（みたま）を拝めば何時かその臍がはたらき出す。それで天の根っこに繋がる。「みたま」の意思に人間が添うのが、本当の生き方である。しかし、現代人は欲望のままに生きているから、いずれ病や事故によって誤りを指摘される時が来る。例えば、病は「心に埃が積もり過ぎた時に成る」。それは、病氣と書くように氣が病《や》んだ時に成る。つまり心が間違っているから氣のめぐり、水のめぐり、血のめぐりが病《とど》まり病に成るのだ。その時は、十の心の埃を尺度として自分の思いの掃除をして、思い方を建て替えることだ、と教えてくれました。

八　紫の間のお仕込み

内藤　今までに多くの「お仕込み」も戴いたでしょう。それを披露して下さい。

邦雄　「紫の間」は、天直々が能《はた》く場です。各自の「みたま」に、おやかたさまが直々に仕込んでくださったのです。それを要点だけ列挙しましょう。

お仕込み（一回目）昭和四九・二・二六（二十二才）

……お前さん　道をようやく知ったな……この道は大人の世界　お前さん　まだ雛。

……思い方が　何もかも丸くなる。……棘《とげ》があっては　あかんのえ……これが日本の理だな　御立派です。親を立てる　それがこの道。自分は天まかせ。それが本当です。

（昭和五十年四月　日本大学・文理学部国文科入学）

お仕込み（二回目）五〇・八・一二

……この道によって……お前さんは絶対に埃は積まない。

お仕込み（三回目）五〇・一〇・三

……お前さん　お肚に（天の）座がある。……お前さん　自分をペシャンコにしている。

お仕込み（四回目）五〇・一一・三
……お蔭　お蔭……おれは　お蔭さんになっている。……お前さんは　自分で自分を突《つ》いたらしい。そのお蔭です。お蔭とは　自分の「みたまさん」がそうだ　そうだと誉めてくれたえ。
お仕込み（五回目）五〇・一二・二八
……お前さん　若いのに不思議の不思議　不思議の理を身に受けている。お前さん自分の身の内を「まっさら」にしちゃったんえ。……お前さん　この道によって「徳の入れ物」これを覚えておきましょう。お前さんよ。「みたまそのもの」です。
お仕込み（六回目）五一・三・二四・（二十三才）
……この道は神様以上「天上」から直々なんだ。……お前さん人を抱く。抱いて　抱いて　抱き起こし　ひっぱってやって……教えてやる。そうなるだろう。
お仕込み（七回目）五一・八・五
……お前さんは　この道によって変な風になるはずがない。気にするなかれ。絶対ぞい。
お仕込み（八回目）五一・八・一三
……俺という人間　根こそぎ変えた。それが　ご自分です。でも一つだけ言っておく。……未だ「天」に向かってお礼が言えない。そういう質《たち》です。……天は親なりを知るんです。……これか

らは　お空に向かって「ありがとうございます」とお礼を言うのです。……これが分からないと「増上慢」になるんです。

お仕込み（九回目）五一・九・三

……浮世と道は　大違いです。この道によって　いいことばかりを聞かされる。……嫌なことを聞かされたら苦の苦です。

お仕込み（十回目）五一・一二・二八

……浮世は埃だらけ。お前さんは（心）澄みきり　澄みきり素晴らしい。これからです。

お仕込み（十一回目）五二・三・三（二十四才）

……お前さんというお方　胸の底から肚の底まで澄みきりました。……なにがあろうとびくともしない。

お仕込み（十二回目）五二・三・二八

……自分を　お国のために捧げる。そのつもりですね。お前さんは有難いお方です。やかたは驚きました。

お仕込み（十三回目）五二・五・四

……お前さん　燃えて燃えて　燃えおおしたな。お前さんは　火の玉になる。

お仕込み（十四回目）五二・八・三
……みたまさんは　お胸です。……いい事思って　いい事言って　いい事するんです。だから
（みたまが）ピカピカになるんです。それが理です。
お仕込み（十五回目）五三・三・二（二十五才）
……嫌な時代に生まれちゃった。そう思ったらしい。だけど道を知って俺は徳だった。……自分
を世のため人のために（尽くす。）……俺は何でもするんだ。その気持ち御立派です。
お仕込み（十六回目）五三・五・二六
……頭は空っぽ　心は無くなった。それが理です。
お仕込み（十七回目）五三・七・二六
……俺は水の一升です。その水を汲んで　その水を一升　肚にため込んで　俺というものは　何
ともいえん喜び勇んで毎日毎日です。素晴らしい段取りです。
お仕込み（十八回目）五三・一〇・一九
……お前さん……この道によって浮世に檄を飛ばす。そういう時がある。この道によって日本が
変わる……お前さん……浮世の見本ですよ。
お仕込み（十九回目）五四・一・一七（二十六才）

……浮世の方と手を組んで日本、日本を元に（みたまが能き理の通り生きる）還そうえ。その精神ですね。御立派です。

邦雄　昭和五四年三月（二六才）に大学を卒業し、翌四月に高等学校教諭（国語科）に奉職しました。

その頃戴いたお仕込みです。

お仕込み（二十回目）五四・四・一四

……日本という国を　嫌らしい変な国にしない。この道によって多少なりとも真っ当にしたい。そういう気持ちで毎日一生懸命励んでいる。

お仕込み（二十一回目）五四・五・二

……お前さん万筋です。この道を山ほど掘りましたなあ。

お仕込み（二十二回目）五四・七・二九

……頭は空っぽ心はありません。だからお前さん　成るようになる。それが本当です。これが理です。俺は偉いのではない。有難いんです。

お仕込み（二十三回目）五四・八・二一

……お前さん　そこらのお方に（理を）分からすのが本当です。……自分の口で

さあ　さあ　そこらのお方に　分らす様に知らすんですよ。
お仕込み（二十四回目）五四・九・二一
……この道によって　俺は何から何まで苦を苦としないで　ワーック　ワーック肚に納めてどんどん湧いて湧きおおしました。……どんどん　人さんに　人さんに（理を伝える）これが当てです。「みたま」そのものです。
お仕込み（二十五回目）五四・一二・一二
……お前さん……湧いて　湧いて　湧きおおすんです。……今の自分は「みたま」そのものです。
……何から何まで大自然によって（そうなったのです）。
お仕込み（二十六回目）五五・一・一二（二十七才）
……いろんな風に胸の内らから肚の奥から……「ふっ」と浮かびます。それを　ご自分で面白い
……面白そうに言葉にするんです。それが理です。
お仕込み（二十七回目）五五・三・一九
……お前さん　何から何まで天上からの申し送りです。……一切合切　何でもかんでも天上からのお試しだなと思うんです。
お仕込み（二十八回目）五五・五・三

……天上からです。……世の中が出鱈目　デタラメ　でたらめだらけ……それを知るんです。そこで自分で自分を塩梅よくお守りするんです。それが理です。……今ここで玉玉玉、玉だなあこう言っている。

お仕込み（二十九回目）五五・七・一

……何かの時に素晴らしいことを言うらしい。……そういう時には必ず一番終りに「キュッ」と（口を）おさえる。……ご自分は今「みたまさん」なんです。「みたまそのもの」です。

お仕込み（三十回目）五五・八・二

……お前さんは何もかも　身につけてこの世に生まれてきた。だから　おまえさんは有難いお方です。……これから有難い人を　あちらこちらから見つけますわな　そうなるんです。……お前さんがドンドン國替え　國替え　さあさあ　御立派です。日本　日本　日本これからだ。こうゆう風に吠える　吠えるんです。

お仕込み（三十一回目）五五・八・二一

……お前さんは　道の導きをする方です。……必ず　道の案内人です。

お仕込み（三十二回目）五五・一二・一三

……お前さん　日本という国に絶対の理をなあ　天上がなあ……こういう風に仕い回したんだ。

これを心底うけとりましたわなあ。だからお前さん……いいことを人さんに伝えるんです。それがお前さんのどん奥です。

お仕込み（三十三回目）五六・三・六（二八才）

……今からです。喜びあふれて　次の世代を俺は　背負うんだ。こういう決心をしましたね。

……己を建て替えたな。御立派です。

お仕込み（三十四回目）五六・五・四

……その内に自分の身の内に「ふう」と浮かびます。その浮かんだ時には是が非でも（場にお戻りください）自分としては絶対にやるんだ　やるのが理です。

お仕込み（三十五回目）五六・七・二三

……この道を朝から晩まで　思って　思って　思いに思うんです。そのすべてが自分の身の内を（大きくする）大したもんです。（自分を）しあげますわな。……今のご自分は「みたまそのもの」です。

邦雄　昭和五九年三月に三一才で高等学校教師を退職して奈良県の斑鳩《いかるが》に塾を開きました。松下村塾のような場で松陰先生のような理想的な教育をしようと思ったからです。しかし、学生の求めているものは人生の生き方では無く、受験で点のとれる方法だけでした。塾に幻滅して数年で止め、今の古本屋を始めました。

内藤　様々な体験をされ「紫の間」で三五回、松の間で五回の「お仕込み」を戴けば、理と法が能くと思いますよ。何かその体験を披露して下さい。

九　義父・直腸癌を患う

邦雄　昭和五七年一〇月一九日に私の義父が「直腸癌」を宣告され、長くて半年の命と医師から宣告されました。義父は、当時五一才、神戸で八百屋を営み、朝から晩まで忙しく働いておりました。商売以外、目に入らないという生活でしたが、一〇月初旬から血便が酷くなってきたとの事でした。そこで病院で検査し即入院ということになりました。家族一同吃驚し、義父の長女である妻は号泣しておりました。癌の宣告から四日後に私が、お見舞いに行き、そこで理を聞いてもらいました。「木に根があるように人にも根がある。それが臍の中の「みたま」である。それは、天からお父さん、お父さんと受け継いだ天の分け「みたま」である。このみたまに汚れが生じたり、天からの約束を忘れているとチョンと「身上」を突く。これが病と言う形で肉体に出ることを「身上」という。だから、今までの人生が理から狂っていなかったかどうか反省し、「不《ふ》」があれば天に詫びる。十の心の埃を尺度にして、今までの行動を反省する事が大切である」旨、お話をしました。一〇月二四日、道友の山内秋男氏に体験談を依頼しました。氏は四八年に「肝臓癌末期」と診断されました。その時に道友が近くに居て、その方が「理」を伝えたそうです。先ず、それまで彼は、自分中心で親を思ったことが無かった。つまり親不孝であった。病むまで商売が第一であり、金金の生活であった。親類や友に対する情は全くなかった。災害で苦しむ人がいても献金はしたことが無く、情を欠いた生活であった。何事も金が尺度であり「身欲」を満たすだけの人生であった。このような「不」を一つ一つ思い出し、寝る前に天と自分の「みたま」に対して今までの生き方をお詫びした、との体験談でした。山内氏は、道友の語る理の一つ一つを成程、成程と素直に聞いたそうです。そして気づいた不を天に「お詫び」しました。その結果、癌が三日後に消えていたという事でした。義父は、それを神妙に聞いておりました。

一〇月二六日、近所の岡本憲佳医師に体験談をお願いしました。先生は道友です。医師でありながら、息子が難病で早逝した経験があります。櫻木健古著「生かされて生きる」という「あたらしい道」を紹介した本を偶然本屋で見つけ、それを読み、道にご縁のあった方です。病は心の埃と先祖からの「みたまの汚れ」から生ずると書かれてあるのを見て感動した。氏は御明断を受け、その中で息子の難病は、岡本家の先祖代々の業から生じたものであると明かされ、医学を超えた根の世界に驚きました。先生は、みたまと病の関係を詳しく説明され、最後に「**何でも喜ぶ、喜ぼうと努力する**」ことの大切さを強調されました。**病は、この理を立てる段階に来ていますという「みたま」からの知らせである。それを喜べば、血も浄化され免疫力も増加し健康に成る。**反対に、心を陰氣にすると全てがマイナスに導かれる。病も悪くなる、人と争う、何でも他人のせいにする。人を恨む等、天の理に反すると免疫力は低下し病は悪化する旨、医学と天の理を合わせて説明して頂きました。このようなお話を戴いて、私は先ず義父に「今まで親に対する思いが足りなかった事をお詫びしました」。義父は、この一言に驚いた様子でした。その後、無口な義父が珍しく多弁になりました。まるで人が変わったように話始めました。その中で次の六つの点を反省してくれていたと今思います。

一、今まで仕事に夢中で物欲が強すぎた。
二、欲のため朝から晩まで身体を酷使してきた。
三、妻に遠慮しすぎ自分の心の中でいつも不満が募り、愚痴ばかりで出て男らしくなかった。
四、金以外に何事にも喜ぶ事が少なかった。
五、己に甘く自分を掘るということが無く、失敗は他人のせいにして来た。

六、親の恩を忘れていた。

等、約二時間おしゃべりを続けました。一〇月二六日の夜に大きな変化がありました。岡本先生のお話を戴いた夜に、義父は「臍の中が、カイロを抱いたようにポカポカと温かくなってきた」そうです。翌日は普通の大便が出ました。今まで五一年間、金儲け以外で喜ぶ事の少なかった父が「排便を人生で初めて喜んだ」のです。昨日まで大便に血が混ざりトイレの中で死を垣間見て来ました。しかし、今は普通の排便が有難いと体感したのです。金よりも「健康なウンチの」中に「しあわせがある」ことに気付いたのでした。私達は身近でこのような父の変化を見ておりました。一度は臨終間近と一家で覚悟しました。しかし「理」を戴き、それを信じ、段々、顔色が土色から明るく成って来ました。この時、みたまさんに燈が点り、能き出したのだと思います。一〇月三〇日、義父は再検査を受け、その結果「腸に異常なし」との診断でした。末期癌を宣告されて一〇日後の事でした。

内藤　みなさんの情と誠によってお父さんが、救われましたね。理から成る法ですね。これが、本当の「しあわせ」なんだと思います。長時間有難うございました。

どんなに知恵で否定しようとも人間には前生がある。

前生の生き方によって　この世で果たさねばならない（天への）約束ができる。
それを忘れていると　みたまさんが　チョン　チョンと肉体を突く。
病氣とは　人間に業の果たしを気付かせる
（人生）休養の時である。

「天の理」より

注一　明治二七年頃の御代に一遍還る、山口二男氏により明治二七年頃の日本人の生活と国柄が具体的に論考されている『臍は天の座である』内藤勝編著　九九頁

第五章

みたまから指図《さしず》があった

東京・大沢　秀規

要約

秀規の父は、昭和一九年十月のレイテ戦に陸軍大尉として参戦した。そこで九五％の兵が戦死した。このような地獄を体験され「この世に神も仏も居ない」と言うのが父の口癖であった。

息子の秀規は、土木作業中に二百度のアスファルトを頭から浴びる災難に遭遇した。その時、みたまから指図があった。「動くな！」、「水で患部を冷せ！」、「アスファルトを剥がせ！」等、みたまの指示通り行動して九死に一生を得た。戦場で人を助けられる神や仏は居なかった。天の分れである「みたま」は存在し、そこから指示があった。

氏は元々、欲の少ない誠実な人柄であったのでみたまが、いよいよの時、能いたのである。我々が、みたまを磨くのは、このような時の為でもある。

一　弟が道を知り父が変わる

内藤　改めて貴君の道につながった経緯を話してくれませんか。

大沢　最初、弟が叔父（内藤勝）の紹介で一日研修に参加しましたね。彼は雑誌社の編集をしてましたから、興味本位で昭和五九年五月に友達と場に行きました。この研修を受けて弟が陽気に成り、父と積極的に語るようになりました。それに誘われるように、父が食後の団欒に加わるようになりました。それまで父は、食事が終わると自室で一人で音楽を聴いたりしておりました。この団欒こそ父が長年求めていたものだったのでしょう。昭和一八年、学徒動員で戦場に駆り出され、フィリピンの戦場から昭和二二年暮れに帰国したが、実家は東京大空襲ですべて燃えてありませんでした。戦後は大沢家の再建に追われ、父としては五〇年ぶりの一家の団欒でした。父が弟によって変わったので、私は道に興味を持ちました。そして、もっと「道」を知りたいという思いが強く成って、昭和六一年四月、研修に参加しました。それから数カ月後、妹も研修に参加しました。当時、妹は三〇才でしたが、結婚はしないと放言しており、親はそれに慌てておりました。母は妹を強要するようにして一日研修に参加させました。叔父さんは研修が終わり「婦道」という本を買わせて読まそうと勧めてくれましたね。でも妹は固辞しました。叔父さんも妹には、縁が無いと思ったと言ってましたね。ところが、それから数日後、五八年に他界した祖母が夢に出て「**これでマリコも安心だね**」と語りかけたと妹から聞きました。祖母は生前霊感がありました。戦時中のこと、祖母の村から若者が出征しました。それから暫くして祖母の村人は大きい提灯のような「火魂《ひだま》」を見ました。この時に祖母は、あの火魂は成毛昇、あれは大木辰夫と分ったそうです。祖母は天上界に行ってからも孫が気に成って夢を見させたのです。妹は三月下座に入りました。下座中は、三度も「あなたさん　結婚するんですよ」と、おやかた様から諭されました。父は、戦後、技師として米軍基地で働いておりました。母はアイスキャンディを製造し、パンも販売し、朝七時から夜十時まで店を開けておりました。夫婦はすれ違いの生活で、妹は結婚に夢が無かったのです。母もそれを感じておりました。母は勝気な性で、努力で何事も全部解決出来ると信じているのです。しかし、最愛の娘の事は努力だけでは、どうにもならないのです。後述するように、父は戦場から命からがら帰国し独立独行の生きてきた人で、妻へ干渉はしないが、人に情を掛けるということも薄い。洗濯は自分でする、食器も自分で洗う、布団は自分のだけ干す。両親は価値観が大きく異なっていました。只、父は、子供達には最大の愛情を示し、特に、妹には愛情の限りを注いでおりました。しかし、妹は親の心、子知らずのようでした。共立女子大の付属におりましたが、大学へは一人だけ進学しませんでした。それが、三月下座を機に「親孝行」を教えられ親に対する態度が変わり、父も明るく成りました。妹もお仕込み通り結婚しました。

二　父は　レイテ沖海戦で生き残った

内藤　貴君の父上は、レイテ沖海戦を体験されたとお聞きしましたよね。お父さんについて改めて語ってくれませんか?

大沢　父は、大正八年の生まれです。祖父が国鉄の橋や陸橋などを架ける土建業をして、大澤組を経営しておりました。しかし、父は親の仕事が嫌いで早稲田大学の理工学部機械学科に進学し技師の道を選びました。昭和一八年学徒動員を機に軍隊に入営しました。当時、陸軍は「隼」という戦闘機を中島飛行工場で製作しておりました。兵の中には、大卒の機械専門家は少なかったために二年間で陸軍大尉に昇進しました。一九年一〇月にフィリピンでレイテ沖海戦が勃発しました。父の隼部隊も参加しました。部下が約一〇〇人いましたが、飛行場が爆撃され、八人しか生き残らなかったと語っておりました。

内藤　私も義兄の話を聞いて詳しく調べてみました。この戦闘で日本軍は八万四千人を投入し、八万人の戦死者を出したのでした。道友の佐藤民三郎元軍曹（宮城県白石市）も参戦したと聞きました。佐藤さんは、最初、満州の関東軍に配属になり、一九年八月、上海からレイテ島に送られました。ところが、島に着岸する寸前に米軍によって輸送船が撃沈され、海に放り出され、やっとの思いでボートに乗り込みました。みんな重油で顔が真黒で兵の階級は分からなかったそうです。そこで軍曹ながらもボートの指揮を取りました。早く本船から離脱しないと、沈没船の渦に巻き込まれてしまうからです。しかし、兵にボートを漕がせても動きません。船外を見るとボートについているロープに何十人という兵がしがみ付ついていているからです。そこで民三郎さんは、ボートの席に十人乗せてそのロープを切りました。海中に放り出された無念の顔が波間に浮かび地獄と化しました。一〇人の兵士を助けるために数十人の命を絶たねばならない矛盾を生涯抱えておりました。このような生き地獄を体験してやっと島に上陸しました。それから数日し、米軍の艦砲射撃に遭い、弾の一片が民三郎さんの身体を貫通しました。背から肺を弾の破片が抜けたために命だけは助かりました。しかし、薬も無く傷口には蝿がたかり蛆虫《うじむし》が湧く状態でした。ジャングルを彷徨《ほうこう》しながら米軍の捕虜になりました。

大沢　父の部隊も生き残った者だけで班を作りジャングルを彷徨したそうです。そして蛇やカエル、トカゲ、野草等、何でも食べたそうです。ある時、里芋の原種を食べようとしたが苦くて食べられなかったそうです。それを何度も湯でこぼすという料理法を現地人から学んで生き延びることができました。その後、米軍の捕虜となりネグロス島に収容され、終戦をそこで迎えました。佐藤さんも同じ島に収容されていたのでしょうね。昭和二二年、帰国することができましたが、生存率五％の中の一人でした。この戦争体験から、この世には「**神も仏も無い**」と口癖のように言っておりました。

内藤　「……神様なんか　ありゃせん……お陰なぞ　ありゃせん……**仰いだら天があるだけ……高天原に大分前　国津神《くにつかみ》がいた……その本体は、狐、狸、蛇の類……人が病の時だけ、お台さんに精がかかり　病を治すような神秘を見せる……その代償として動物霊は、人の「みたまを喰う」。……これに関わった人の「みたまは蜂の巣」のように穴だらけとなり「人で無くなり」末路は哀れになる……**」と**教えられております。**

大沢　**国津神ですか。**仏様とは「仏陀の教えであり、煩悩から解脱《げだつ》するのが本来の修行の目的なのでしょう」。お寺は道場であり　ここで武運長久や商売繁盛を拝むのは人類の下落になると思います。

内藤　かみとは、本来、うえ、上……親の意なのでしょう。中国から漢字が入り「かみ」と言う音を「神」に置き換え、意味が分からなくなった。仏、イエス、お伊勢様、お狐《きつね》様、お蛇《みい》様等、日本の神はゴチャゴチャで「理がありません」と教えて戴いています。義兄（大沢大尉）の地獄の体験は、お蔭宗教の行く末の姿の中を通らされたのでしょう。佐藤さんは、米軍との戦闘中に**「民三郎、民三郎！」**と呼ぶ母の声がジャングルの中から聞こえて来たそうです。その声に導かれて数メートル藪の中に移動した時に、部隊に直撃弾が当たり、部隊は壊滅し数人が生き残りました。佐藤さんも一切の宗教を信じないが「**親こそカミサマだ**」と語っておりました。母の声は「みたま」からの叫びだったのでしょう。みたまは、時間、空間を瞬時に超えると教えられております。

大沢　そう言えば叔父さんの前著『臍は天の座である』に、広島の故西川宗作さんが「**父は　カミサマだ**」と体験した話が載っていましたね。

内藤　西川さんは、原爆投下の時、小学校一年生だったそうです。その日は、全員登校日でした。当日の朝、父から突然、庭掃除を命じられました。「今日は、学校だから」と断ろうとすると父が怒り「親父の命令は、先生より大切だ！　掃除をしろ！」と命じられ一五分遅刻したそうです。八月六日八時一五分ごろ学校の門の前に到着しました。その時、二階の校舎が突然光り、校舎全体が浮き上がたように感じたそうです。二階の教室には、先生と二九人の同級生がいて定刻通り八時に揃っていたのです。その全員が原爆によって即死したのでした。西川さんは、門の前で閃光を見ると同時に爆風で数十m飛ばされ気絶して助かりました。

父の「みたま」は、先祖に繋がる第一の門です。父を戴いて「ちち……ちち……父、父……母乳《ちち》……先祖……先祖代々の「みたま」に繋がると教えて戴いております。それにより先祖の加勢も得られる仕組みになっているのだと教えられております。例えて言えば、天につながる電線があり、肉体の父を頂くことで、発電所につながる。この発電所が天ということになる。だから親を戴くことが大切なのです。親を思う事は、「しあわせ」に成るための絶対条件です。戦前は、修身で「親孝行」を教えておりました。戦後は、ＧＨＱの占領政策もありそれを古臭い、封建的だなどと思うようになりました。学校では、小中校、高校、東大でも親孝行を教えません。どのような親でも戴かねば、先祖の加勢（発電所からの電力）は得られ無い仕組みになっているのです。この大切な自分の親を忘れて他国の神様やお稲荷や動物霊を拝んでも仕方ありません。

大沢　話は、変わりますが、ある時、私の妻が東京会館の奉仕を申し込みました。その後、私も道の外向けのお手伝いが毎月出来るようになりました。時々、父は、田端義男の「帰り船」を聴いて涙を流しておりました。戦場から生きて帰れるとは思わなかったのでしょう。父にとっては、戦場を生きのびて「生きている」だけで有難いと思っていたのだ、と思います。

帰り船

作詞・清水みのる　作曲・倉若晴生

♪　波の背の背に　ゆられて　ゆれて
　月の潮路の　帰り船　霞む故国よ　小島の沖じゃ
　夢も　わびしく　よみがえる　♪

内藤　義兄《あに》は昭和一八年、突然出陣を命じられ、多くの戦友が倒れました。その屍を超えて帰り船の甲板に立ち、霞む祖国の山河が見えた時には、思わず涙が流れたことでしょう。

大沢　五年ぶりに帰郷した東京の田端の実家は、二〇年三月一〇日の東京大空襲で灰塵と帰しておりました。幸い祖父と弟は下総町滑川に疎開し無事でした。ここで父と母がお見合いをして二三年春、結婚しました。叔父さん（内藤勝）が五才の時ですね。祖父の大沢組は、中島組に譲りました。

内藤　義兄の思い出話はこれ位にして、貴君とお行について練り合いましょう。貴君の繋がる前後の話を聞かせてください。

三　音《おん》を戴く

大沢　私は日大の工学部土木科を卒業して鹿島道路に就職して技師として働いていました。昭和六一年四月に三日研修に参加することになりました。この三日の間に道の目的やお行の仕方を先輩の道友から教えて戴きました。その趣旨は、次の四項目です。人には「臍の奥にみたま」が存在する。みたまは、過去、現在、未来を貫いて生きる本当の自分である。肉体は、「みたま」の入れ物である。そして、何れこの国は、越すに越せない日を経て世直り国替えがある。この時「みたま」が開き理の通り生きるようになる。そして、三日目に御垂示を戴き、おやかた様との御面接が「松の間」でありました。私たち十二人は三人ずつ四列に座りました。おやかた様に向かって一人ずつ自己紹介をしました。私は、三列目の真ん中に座っておりました。すると、突然、おやかた様が「大沢秀規さん！」と呼ばれましたので、私は前の人の間から手を上げ、おやかた様を見ました。その時に、おやかたさまと目が会い「……今　**みたまさんが　吃驚《びっくり》しております**が　**大丈夫ですからね！**」という思い掛けないお言葉がありました。私は何が何だか意味が分かりませんでしたが、「ありがとうございます」とお答えしました。**この一言が、後日、私の命を救う**「**音**」**となりました。**

内藤　貴君が戴いた仕い廻し（事故）は後で触れるとして、まず貴君のお仕込みと発言を聞かせて下さい。

四　精魂尽くして本氣の本氣で氣負う

お仕込み（一回目）六一・七・二八

……お前さんは　成程　成程で　今の自分を喜びました。あたらしい道を拝んでいますわなあ。……本当に立派です。……日本の理を……真の誠によって教えてくれる所は……どこにもありませんから……氣負って……情の情ですよ。さあ　これからですよ……一生懸命　真の誠に成って精魂尽くして……さあ　さあ……本氣の本氣で氣負いましょう。それが　お前さんの本当の本当ですよ。……お前さんの「みたまさん」は　驚いて御立派になりますわな。……さあ　さあ　これが　本当ですよ。

内藤　精魂尽くして本氣の本氣で理の道を歩めと戴いておりますね。

大沢　私の頭の意識とは別に、みたまさんは　場に来て喜んでいたのでしょう。

お言葉　六一・一〇・八

大沢　これからも喜んで理を実行するように頑張ります。

おやかた様　あなたね　今　今ですよ　今ね　ご自分の「まこと」のことを　何も知りませんね。お前さんは　まことの「ま」の字も分からない……皆さんに　いろいろ仕込んでもらいなさいよ。……早く　道になりましょう。

大沢　これは、私の「みたまさん」と「心」のズレを指摘されたのだと思います。

お仕込み（三回目）六二・一・二四

……あれやらこれやらと　己をやっけて　御立派な御自分に　さあ　さあ　さあ十と二分に　この道を戴いて　お前さんらしく　堂々と　立ち上がるんですよ。……何とかして　堂々と　浮世に向けて　さあ　さあ　さあで　**若い者達を　何となく　手を引くのが本当のお役ですよ。それを知らないで　今の今まで　ボケボケでした。さあ　これからです。それが　お前さん**……今のお前さん……長の年月　ボケでしたから　やり替えなんです。**もっと立ち上がるんですよ。**さ

あ　立ち上がるんです。さあ　さあ　さあ堂々と　やり替え　やり替え　これだけを　念に念を押しました。……お前さんはね……今までに　分かって下さるはずなのに　この道を　途中で逃げようとしたんでしょ。それでお腹（みたま）の方で　うんともめていましたよ。この道を分かるのが本当でした（道が分かるように努力するのが本当）。道を辞めようとしたこと　とんでもございませんでした。それで　お前さん　一遍通り……ねじり廻されたんですよ。これでお前さん　本氣になったんでしょ。

大沢　この日は、道が分からないので辞めようと思い、最後の挨拶に来たのでした。その夜のお仕込みで「……この道を逃げようとした」と、ズバリ指摘され驚きました。

内藤　世直りの手伝いをせよと天直々に頼まれているにも関わらず、逃げようとしたので後日、お灸を戴いたのですね。

大沢　四回目のお仕込みで道を披露するというお役を戴きました。

お仕込み（四回目）六二・四・十一

……お前さんという人は　本氣の本氣になって　この道らしく立ち上がりましょうね。……この

道の者として　必ず　必ず　あちらこちらに　何とも言えないな……。お前さんとしては　……黙っていないで……本氣の本氣で……堂々と　あの手この手で……あちらこちらに（道を）披露しましょうね。これが真の誠ですよ。

内藤　貴君は、世に「みたま」の存在と「道」を披露するのがお役ですね。

大沢　私なりに、精一杯、天命を実行するつもりなんですが。

お言葉　六二・八・十一

大沢　今まで　あの手この手で仕上げて戴き有難うございました。これからも頑張ります。

おやかた様　あなたね　みたまさんが　あなたの事「どうしても　この人は　浮世の仕事よりもあたらしい道を　誠の誠で　沢山の人に　心底から分からすように　教えてあげるのが　本職ですよ」って　……みたまさんが　申されておりますよ　どう思いますか？

大沢　喜んでやらせていただきます。

おやかた様　それ本氣ですね。あなたのお腹（みたま）に六　七　八（人）の沢山の先祖さんやら誠の人やらが　沢山　氣張っているそうですよ。（その先祖が）貴方によって浮世のやり方を

どうしても　やり替えるのが　これからの自分達（先祖）の仕事だ　と一生懸命（先祖が）頑張っているそうですよ。どうでしょうか？……貴方（先祖と一緒に国替えを）手伝うことになりますね。

大沢　一生懸命やらせていただきます。

おやかた様　今年中に　きっと　相当　有難くなるでしょうね。どうぞ（内気な自分を）やり替えて下さいね。

お仕込み（六回目）六二・十一・二一

今の貴方は　未だ未だです。……皆さん方が　御立派になりきって……浮世に（理を）教えるのが　皆さん（貴方）方のお役でしょうね。ところが……今ぐらいでは　どうにもならない。さあ　お前さん　もっともっと　この道を浮世の方に（理を知らせよ）誠の誠で……。これからのご自分　実行　実行　その事　お願いします。……貴方は浮世の仕事よりも　あたらしい道を誠の誠で沢山の人に分らすように　教えるのが　本当ですよ。どうぞ（今の自分を）やり替えて下さいね。

内藤　親、兄弟、縁者、友人に「みたま」と理を伝えても直ぐ信じてくれません。一〇歩先に人類の滅亡という穴があっても、穴に落ちる寸前まで、金を掴んだほうが良いと欲する人が大勢なのです。金で「しあわせ」が買えると信じている人ばかりなのです。しかし、みたまに付いている業を取るのが、「しあわせへの道」なのです。

大沢　今、病で悩んでいる方に理を伝えたいと思います。更に、亡くなられた先祖の「みたま」に理を知らせ大勢の味方になることが私の仕事だと思っております。

五　「みたまさん」から指図があった

大沢　平成元年の四月三〇日に、十日下座修行をするために場に帰参しました。その日は、月末の日曜日で場はたちません。風呂に遅くはいりました。その時、足が滑り頭を打ち数分間、気絶しました。休憩室に運ばれて寝かされている間に、自分の過去が走馬燈のように見えたのです。子供のころは、身体が弱く近くの医院に親に連れていかれました。小学生のころ大沢の祖父に抱かれて餅を食べていたことを思い出しました。お盆に下総町大菅に行った時に、母方の祖母や祖父が、遊ぶ私を優しく見守ってくれていました。私もたまに聞く臨死体験を通らされました。それは三途の川があり、向こう岸にはご先祖が待っているようでした。川を渡るか否か船頭に問われて躊躇しておりました。川原には、多くの霊が浮遊していて黄泉の世界のようでした。

内藤　グズグズしていたから、生まれた時から黄泉の国まで見させられたのでしょう。

大沢　多分そうでしょう。それは平成三年一月、四三才の時でした。川崎製鉄の構内で私は道路舗装の作業をしておりました。真冬でしたので、防寒具を着て保安帽をかぶって作業をしておりました。その時、ダンプカーに二〇〇度のアスファルトを積んでおりました。その温度を確認するために最初はダンプの外側から温度計で計測していました。しかし、荷台に木の枠組みがあって車の外からではアスファルトの正確な温度が計れなかったので、私はダンプの荷台に乗り温度を計りました。温度計で計ることに夢中になっている数秒の間にダンプが動きました。アスファルトは最初は荷台の後部に積みます。そこが一杯になると少しずつ動かし前方に積む手順になっています。ダンプの運転手は、アスファルトを後方の荷台に積むために車を移動させました。私は温度を計ることに夢中になっていたせいで二〇〇度のアスファルトを頭から浴びる羽目になりました。熱いと感じた瞬間「**あなたさん大丈夫ですからね！**」と、**おやかた様の声が聞こえました。その瞬間、時間が止まったような感じがしました。**今思うと信じられませんが、自分は高温の中で冷静に対応しました。次の瞬間「**動くな！**」（もし、慌てて前に動いたら再度、アスファルトを浴びる事になったでしょう）その後、「（首に付いた）**アスファルトを取れ。水で二〇分冷や**

せ！」と、みたまから指図がありました。首の皮膚に防寒着とアスファルトが焼け付きました。それを水で冷やして、急にアスファルトを剥がしたために真っ赤な肉が露出しました。首の回りが大火傷でした。幸い防寒着を着て保安帽子をかぶっていたので、身体全体には及びませんでした。独りで首だけを水道で冷やし火傷の治療をしました。世の明けるのを待って川鉄病院で治療を受けました。医者は、何れ尻から皮膚を切り取り移植するしかないという診断でした。とにかく火傷の数日は、首に巻いた包帯が肉に付き、それを剥《は》がすのが痛いのです。それから二日後、包帯を首に巻いたまま帰参し、おやかた様に拝所でお詫びとお礼をしました。私の火傷を知って中西スミ子さん（妹の義母）が「正通堂」（福井県武生）の漢方の火傷薬を送ってくれました。それを塗ると包帯を取る時に痛くないのです。それを数回塗っている内に火傷がだんだん治り、皮膚の移植をせずに自然治癒しました。**この体験は、ボケボケの道を歩んでいた私の肚を決めさせるための天からの仕い回し、だと悟りました。**

内藤　道では、「偶然は無い」と教えられております。貴方の父は、レイテの戦場で消えるところを「命を貰いました」。神は居ないが天は存在していたのです。そして三人の子に恵まれました。今では、三人とも道友で世直りの手伝いをさせて戴く身です。父も貴君も稀に見る徳人です。両者とも生涯一度も嘘をついた事が無いでしょう。人を騙した事も無いでしょう。そのため「みたまの汚れ」が少ないので「みたまが能《はたら》いた」のでしょう。**みたまからの指図があった**のでしょう。この体験は画期的な事でした。貴君は、火傷を通して仕込まれ本氣に成ったのです。**善人だけでは、國の役に立ちません。苦難を通って一人前に成らして戴いたのです。**私もイザという時には「みたまから指図がある」というお仕込みを戴いております。しかし、日ごろ「みたまを磨いておかねば、それは能きません」。毎日、**仕い回わされた苦を喜んで戴く事が「お行」だと思っております。**

大沢　苦を喜んで通るのが、道のお行です。それにより「みたまが磨かれる」からです。

　話は飛びますが、関東大震災は、大正一二（一九二三）年に発生しました。このような都市直下型大地震は、ほぼ百年周期で発生するそうです。[注一]令和五（二〇二三）年は、ちょうど一〇〇年目に当たります。このような時も「みたまを磨いていれば対応する」事ができるのでしょう。だから浮世に根を洗う。つまり「みたまを磨く事」を知らせねばなりません。越すに越せない時のために、普段から「みたま」に付いた業を果たし綺麗にする必要があります。果たしに伴う苦を喜んで通り徳を積み、みたま磨きに精を出せば「しあわせ」が必ず来ます。（終）

お腹（みたま）の方から……ああせい

こうせい　と言葉が（イザという時）ありますよ。

根一五一号一三〇頁

注一　日経　サイエンス……特集　超巨大地震　二〇一九　二月号

第六章

みたまの汚れから病が生じた

三重・高橋　喜七

要約

氏は、M教の元教師であった。多くの病の人々を治し、お礼を戴くのが仕事であった。糖尿病、肝臓病、癲癇、各種癌等を治した、と言う。患部に手を当てて治療したのである。その後、妻が交通事故から精神を患うようになった。妻は、「死にたい」と口走るようになった。手を当てたが治らなかった。M教の幹部が、次から次に手を当てたが治らなかった。近くに居た道友が見かねて道に案内する。ご明断で「妻の病は、夫の業から生まれている」と、知らされる。先ず、己のみたまの汚れを取り、徳を積む事で健康を取り戻した。

一　みたまの汚れから病が生じた

内藤　高橋さんとは、下座のたび毎にお会いしご指導をいただきました。今回は、高橋さんの通り越しを聞かせてください。

高橋　私は三重県松阪の奥の山村で生まれました。次男でしたので本家から、喰い扶持《ぶち》程度の田畑をもらい、それを耕しておりました。普段は、近所の大百姓の手伝いをし、冬は炭焼きをしながら現金を稼いでおりました。妻は近村の工場で仕事をしておりましたが、生まれながら病弱でした。三〇才の時に子宮外妊娠の手術をしました。その後あまり健康に成れずに病気がちな生活でした。昭和三九年、妻が自動車にぶつけられ三ｍも飛ばされ、頭と腰を打つという事故に遭いました。病院で様々な検査をしてもらいました。傷は額に三㎝ほど負った程度でしたから軽傷に見えましたので一〇日ほどで退院しました。

内藤　それで後遺症はなかったのですか？

高橋　退院のころは、目に見えた傷はなく、治ったように思えたのです。ところがそれから一年ほど過ぎると頭が痛いというのです。とても立っていることができないほどの痛さなのです。病状は段々悪くなり、痛いときは気違いのように頭をむしり苦しむのです。病院でレントゲンの再検査やら脳波の検査をしてもらうのですが、特別な異常は無いと医者は言うのです。それでも妻は、狂ったように痛がる時があります。私は途方にくれました。ある時、それは「先祖のたたり」と助言してくれる方が近所におり、その方からお経をあげて貰いました。しかし妻の病は治りませんでした。別の日には、仏教の団体の方々が数人で我が家に来て、お数珠を授けてくれました。天理教の方々も来て説教してくれましたが効果はありませんでした。ある時、元中学教師の橋本先生が家に来てくれました。この宗教は除霊をして、その後、痛いところに手当てをしてくれるのです。手当てが終わった後も優しく妻に語り掛けてくれるので痛みが少し取れてきたような気がしました。

内藤　M教で、病が治りましたか?

高橋　少し痛さが和らぎました。私は身体が小さいのですが、欲だけは多いのです。手を当てて病が治るならこんなに良いことはない。これは薬代も要らない、医者代も要らない、第一お金がからん、これで助けてもらおうと決心しました。隣町にM教の布教所があましたので、そこに通いました。入信料を支払ってお札をもらったらお助けの先生に成れるのです。除霊の儀式もできる様になり、お手当の法も授かるのです。そして、神さんの光を戴いたら「地上天国」が到来するのだと教えられました。今度は、Mの先生として数年、お助けに歩き多くの病人を助けました。

癌の人も手を当てて治しことがありました。

内藤　慶応義塾大学・医学部の近藤誠（注一）医師によると、癌には大きく分けて二種類あるそうです。一つは細胞の異常分裂による本物の癌です。これは、血液を通じて癌細胞が移行し増加するので治しようがない。逸見政孝や中村勘三郎のように手術しても癌細胞が転移し一～二ケ月で死亡しました。他方、癌と言われるものの約九五％はガンモドキだそうです。それは、抗がん剤（注二）などを使用せずに、自分の免疫力にまかせて静養するのが最善策だそうです。癌細胞は、毎日生まれるのです。抗がん剤は、正常な細胞も殺す副作用があるからです。高橋さんが、治したと思えた癌は後者の方であったと推測します。これは、手を当てても湯たんぽを抱かせても治るものだったと思われますよ。

高橋　道を知ってから気づいたのですが、おやかたさまは「癌は思いのしこりじゃ」（注三）と教えられております。あまり物、金、地位、名誉、イデオロギー、宗教等に拘る。更に、人を恨む、我で争い、「心に埃」（注四）が溜まり、それが「思いのしこり」に成ります。やがて「業」と成り、そしてガンモドキとして発現するのだと推測されます。だから「心の十の埃《ほこり》」を取ることが、病を治す法です。先ずは「埃を払い、ストレスを取り、陽氣にする」ことですよ。この拘りをM教でも手の温かさと優しい会話が少し解いたのでしょう。しかし、「心の埃《ほこり》を払い」「業《ごう》を果さない限り」病は再発するのですよ。

内藤　物金に拘《こだわ》らないで心を陽に保ち、生活を自然の摂理に合わせるのが重要なのです、ストレスや陰の心は万病の元です。それは自律神経を乱し免疫力が落ちるからです。心に埃があり業があると心が陽に成れないのです。病氣と書くように、氣つまり心が病むのでしょう。思い方を治すのが肝心です。例えば、スリに十万円を取られてもこれ位で済んでよかった。足を折っても命を取られたわけでは無い、これにより日常歩けるという平凡な事が有難いと悟るのだと教えられております。……奥さんの病はどうなりましたか？

高橋　私は病氣直しの先生になったのに、妻の頭痛が段々激しくなってきました。私が手を当てても治らないのです。先輩方に頼みましたら次から次へと来てくれましたが治りません。先輩曰く「これは、神様のお試しだから、もっと深く真剣に信仰しなさい」と言うだけでした。

内藤　それでもM教を信じ続けたのですか？

高橋　お手当てでも一時は痛みが和らぐことがあります。しかし、脳内出血の後遺症がすぐ出てきて右の耳は聴こえない、左の耳は絶えず騒音が鳴っている。時に頭がしびれ痛み出す。その時は気が狂ったように「痛い、痛い……死にたい！」と悲鳴を上げるのです。このような状態が一年ほど続きました。ある時、M教の幹部が来て「こんなに力のある神様を信仰しながら病がどうにもならんというのは、あなた達に徳がないからだ。せめて、生かしてもらっている有難さを感じて信仰をより深めるように」という最後通牒《さいごつうちょう》をつきつけられました。

内藤　宗教に対してのおやかた様のお言葉があります。これで宗教と道の違いが分かります。

「……天理教は幹の教えでした。……あたらしい道で教える「根（みたま）」はしょうもないんですよ。そのしょうもないものが　実はたいしたものなんですよ。これをこれから世にお知らせせねばなりません。この根が（日本の）最後の教えでございます。M教は枝葉でございます。お蔭信仰でございます。天理教は幹でございます。あたらしい道は　土べたのね　人が土の上を踏みちゃんこにして　どのぐらい根があるやら　さっぱり分からない。その根（みたまの汚れ）を詮議するのですから中々でございます。ここほったら……ひげ根がぞろぞろしている。それがこの道の言うに言えんの理でございます。……**もはや枝や幹の（宗教の）時代は終りでございます。……日本も根（先祖の業）まで掘らねば駄目な時代が来たということを　分かってくださいませ。**……それを掘るには一骨おれ　苦労せいということになりますね」と（根一号七八頁）。つまりどのような病も、先祖の業と自分で積んだ業から生じる。この点が、あたらしい道の特徴です。これを歴史上始めて明らかにしたのです。更に、自分で今生で積んだ業から病（身上）、事故（事情）は生じるということです。病は、業《ごう》の果たしを忘れているぞという、みたまからのサインなのだそうです。その業を「根の汚れ」つまり「みたまに付いた汚れ」として教えられている訳です。それを別の面から言えば、業の清算です。それは、業をお詫びし徳を積むことにより業の清算をする事になる。これは、神仏に祈っても業は取れません。

更に「……M教は　手を当てて浄霊なさいますわね……あれがM教の手だとね。あの手にうかうかとのりなやというのが私の理でございます。そんな手に乗ってたまるかと言うんでね。そんなもの屑《くず》じゃと言うんですね。何にもね　言うべき筋合い（理）が　これ　ぽっちもない……手でごまかしておるのじゃ……。この道は、相手さん次第　向こうさん次第ですね。その人の本当を（まこと）見てお上げして　それならば大丈夫という方にのみ（理と法を）次々にくれてやるんだとね」（根二号七二頁）。病の原因である業を自ら悟り、それに対するお詫びと果たしが大切なのでしょう。

高橋　そうですね。だから、その病は業の果たしとして生じるのですから喜んで果たせ、この苦を通るによって、「みたまの汚れ」がキレイに成るのですから喜んで果たせというのが理です。今はそのように理解できますが、当時は分かりませんでした。昭和四二年の一〇月にM教で先輩であった橋本さんが我家に来られました。氏が「あたらしい道」に行きませんか?、そこは「世直り国替えの男を仕込む所で、病治しの場ではない」しかし「**病に成るには成るだけの訳がある。**

それを教えてくれる所です」と。M教に見放され藁《わら》にもすがりたい時でしたから、その言葉に全てをかけました。このような状況で場に行くことになりました。先ず「御明断《ごめいだん》」というものの説明がありました。それは、ここは、病を治すための処方ではなく、その人の根（みたま）の汚れを教えてもらう所なのだ。更に「**成ってきたことが、前生からの業因縁《ごういんねん》の現れである。それを果たせ、根が洗われたら病は消えて行く順序に成っている**」というものでした。……　そして何を指摘されても「はい」と素直に戴いて下さい、後でその意味が分かりますからと助言されて御明断に臨みました。

二　高橋喜七の御明断……あなたは哀れな因縁の方です（昭和四十二年十月十日）

……ようこそお越しくださいました。私の言う事を嫌がらないでお聞きくださいね。あなたさんの臍（みたま）はね　開いているだけで　出ていないんですね……あなたは　ものすごい徳があります。この徳は　奥の方にしまい込んであります。その徳をね。もっと前のほうに　ポンと出してやりたいですね……今あなたは、M教のお世話（先生）をしていらしゃるのですか？

（はい）

……（それで病人が）治りましたか？（その宗教は、理も法も薄く）大いしたことないですよ。事実、自分の女房さんを救えないじゃないですか？……あなた覇氣《はき》がないですね。元氣が足りません。それが（みたまが）パッと出たら（磨いたら）元氣になりますよ。そうして　どんな方にも遠慮なくこうせい　ああせいと自分が向こうの人の気持ちに成り切って（今後は、浮世の方を）お助けするんですよ。あなたはそういう役割の方ですよ。

（はい）

……あなたはね　大したお徳の方らしいけれども　あなたの周囲は　ろくでもない（徳が無い人々）ですね。言いにくいですけども申し上げます。それでは、お前さんが（徳を吸い取られ）干からびる一方であるというんですね。あなたね　その芽（負）をですね　今日……（負を）ふくらまして帰ったら　また干からびますよ。もう全部（周囲の業の者に）吸い取られちゃう惜しいお方だと言うんですね。……あなたは実に哀《あわ》れな因縁ですね。……あなたの　ぐるりが日照り続きでどのように頑張っても水気（徳）が足らん　足らん　ということになるんですね……だから業を**果たし徳を積み理をかせぐんですよ。**

（はい）

（次に妻の病について聞かれるままに説明をしました。）

……奥さんは病気ではありません。骨も筋も何にもなっておりません。大丈夫ですよ。
（私は、妻の実情を見ないからそんな事が言えるんだ、と最初、邪推《じゃすい》しました。しかし、病の原因である業についてその後、説明して頂き肚《はら》に落ちました。）

……子宮外妊娠でお腹を切った、それは業です。それは　まあ　まあ　我慢しておけと申します。だけど交通事故ですね。こう（重症を負う）いうことになるとは　何たる業《ごう》ですか？　業　業　業の業でございます。……二世の契りの女房が　何たることぞえ　と成りますね。あなたさんの女房ならば　どうしてもお前（夫）さんが生き通らせというわけですからね（事故は夫にも共同責任があり、女房を健康にするのが夫の役目と思わされました）。**家にお帰りになったらね（女房の）頭をね、こうやって　こうやって（なぜなぜ）してあげなさい。腰をこうやって　こうやって（さすって、という身振りをされる）あげなさい。**[注五]**だんだん痛みが消えてやがて病も消えていくでしょう。**そして一遍なんとかしてここへ女房さんが　（場に）おいでになれたら幸いだということでございます。

高橋　この時、痛さを治す「理と法」を授かったと思いました。御明断が終りましたら紹介者に、おやかたさまは次のように言われました。「このお方ね、Ｍ教に義理があるでしょう。しかし何か考える余地があるんじゃありませんか？　このお方、こちらに来て（常住になって）もいいんじゃありませんか？　お子様もいらっしゃらないでしょ……どうか考えてみてくれませんか？」このお言葉は、後にテープを聞いて思い出しましたが、二年間常住の事は忘れておりました。目の前の妻の病で頭が働かなかったのです。その日は、教えられたように**家に帰り妻の頭を「丁寧《ていねい》に撫《な》でました」、腰も毎日「丁寧に　さすり」ました。橋本さんに教えてもらった事にプラスして「お父さん　ありがとう。」と言いながら摩りました。朝と晩に一生懸命実行しました。**すると妻は、一週間位して寝がちな生活から立ち上がって家の中で動くようになりました。やがて外を歩き始めました。二週間位たちましたら食事の用意ができるまでに回復してきました。ちょうど二〇日目になった時、大阪の「あたらしい道に行きたい」と言うのです。

　後で、分かった事ですが「お父さん　ありがとう」と言うと父や先祖のみたまが加勢してくれるのです。これが理です。撫でる、摩るのは法です。理と法が揃って身上が消えるのです。早速、橋本さんにお願いして御面接を申し込みました。それは、昭和四二年一一月一〇日のことでした。

三　妻の御面接……病は我慢《がまん》して……そして嬉しい事を探す……

高橋　最初に、おやかたさまは、妻の病状をお聞きに成りました。そして、

天気と同じように　自分の気持ちも同じですね。雨の日もあれば　晴れた日もあり風の日もあるように　健康であっても何となく　ふらふらする日もある。しゃんしゃんとする日もある……様々です。あなたは車でひどく頭を打ったから「ああ　また痛みが来るのかなあ……」と思う。だけどそんな思いは不要です。いつまでもそのような事を思っていることはご損ですよ　無駄です。今から（そのような不な思いを）やりかえるという氣になったらどうですか？　今のままでは、生涯、廃物でございますと申しあげます。どんなに痛くなっても、これを我慢していたら何かまた嬉しいことがある（と思うことです。心を陽にすることです）。（人生の）真髄はね……己の（弱さ）に打ち克たねば駄目でございます。寝てはあかんのじゃ　寝ては損する。これは廃物に等しいと思いなさい。日中は起きておれ　晩は宵の口は起きておれ　一〇時すぎたら寝てもかまへん。それまでは寝ない方がええんやぞ　という　お臍（みたま）でございます。寝ると臍が（人生が）お終いだ（と判断される）ということになります。……ですからね、もう寝ないという証文をお書きくださ

いませ。**生きた以上は、生き甲斐あらしめや（徳を積んで自分で生き甲斐を探せ）とこう言うんですからね。**その臍がね、惟神《かんながら》に近いようになるんじゃありませんかというんですね。そうじゃありませんか？

（はい）

……今のあなたさんは　変な夢　薄気味悪いこと（自殺を思っていた）ばかり考えていらっしゃいますね。それではね　本当に業でございますよ。本来は（あなたさんには）業は　まあ　無い方ですね。でも　今は業でございます。（思いが悪いから）今が業の姿（に成ってしまった）とこう申します。

……お子さんを戴けるはずであったのに　戴けなかったことは誠に残念でした。これはもうね済んだことでございます。この道は道の子を産めと言うんですね。（隣人に理を伝えなさいという意）それに精を出して下さいよ……。

（妻……はい。分かりました）

高橋　妻は当時、将来に夢も希望もなく、死ぬことばかり考えておりました。私も無理心中を時々考えました。御面接を戴いた後に、夫婦一緒にお言葉を戴きました。

これからはね（奥さんは）一本立ちになりますよ。あなた（夫）はあなたで一本立ちです。両立することに成るのですよ。お宅ならそれで結構ですわね。御夫婦がね　お互いに助け合うとね　両立するのですよ。どっちも一本です。あなたも一本　この方も一本です。これからはね　一本立ちして立派に浮世で人助けをして下さい。

この時は、病と貧困で生きる希望も無い時でしたから人助けどころか、自分達の明日も考えられない状態でした。しかし、今思い出すと「妻は病では無い」と言われた時に希望の光が射したように思えました。今までの「陰なる思い」を「陽」に建て替えるのが理であったと思います。その年が暮れて、春ごろになりました。いつの間にか妻の病が消えて「何か働きたい」というのです。近所に段ボールの会社がありましたから、そこへパートで働きに行くことになりました。病弱な身体ですから四～五日ぐらいで辞めるだろうと予想しておりました。ところが働きに出て、あっという間に一カ月が過ぎ、二カ月、三カ月と健康で働くことができました。昨年までは、死期が近いと本人も私も予想しておりました。妻は、生きている間に形見分けまでしたのでした。このような状態でしたが、今は働けるまでぴんぴんになりました。おやかたさまに業の取り方をさとして戴いたからです。そして、お蔭信仰による「みたまのシミ」を取らねばならないと真剣に思いました。今までは「己の業をキレイにしないで（業を果たさず）にお蔭だけを貫いたい」「病の原因を治さずに手かざしという法」だけで健康を手に入れようとしたのでした。これが宗教ですよ。

身上（病）はお詫び　事情（事故）は思いの切り替え

内藤　松下幸之助氏の御明断の中に「……戦後、多くの宗教が生まれました。天上は、それを醜い動物霊だと申しあげます」（注五）とあります。即物的に病の平癒や商売繁盛を願う、ここには、己を建て替えようとする姿勢は無いのです。お賽銭を投げて幸福を買う。世の中には「動物霊を拝んで病が治ったという」話を聞きます。金が儲かったと言う話もあります。狐や蛇でも拝めば病を一時的に治すことがあるそうです。しかし、動物霊はその代償として人の「みたま」を喰うのだぞうです。みたまを喰われたら人でなくなります。先輩の話によると精神病に成る方は、先祖の業因縁か動物霊に憑《つ》かれるか、みたまが喰われることが多いそうです。これは、医学や科学を超えた「みたまの世界」の事です。

高橋　自分も貪欲でしたから目先の幸福を求めて、そのような宗教に嵌まりました。この「貪欲な心」に動物霊が憑くのです。そこで根本的に「心の弱い自分を建て替えよ」という思いで三月下座修行を申し込みました。

四　三月下座修行を通る……業とは　命と引き換える位重いものである事を知る

高橋　それは、昭和四四年の七月のことでした。しかし、妻は元気になったと言っても未だ心配でした。しかし、今「発心《ほっしん》」した以上、これを逃がしては永遠に下座できる時はないであろうと思いました。その時に、御明断で戴いたお言葉が浮かんできました。「……あなたね、奥さんにあまり目をかけなさんな。……放っておきなさい。そうすると奥さんは一人歩きができます。チョットい甘いところがスッパクなります。そういう氣になったらね、もう痛さも平氣でございますよ」。更に、女房には「ご主人はね　世の中が　いよいよの時（世直りの時と思われる）になったら女房や子供のことじゃあないんですよ。あなたは、今のうちに強い自分に建て替えておかねばだめですよ」これを思い出して妻にも言いました。今、自分を建て替えなければ生涯駄目であろう、と言い含めて下座に入りました。下座修行中は五時起床、寝るのは一時です。この間、どのような矛盾に対しても「はい、はい」で通らねばなりません。それが我を取る「行」です。私は我と欲が強く短気でケチなのです。その為よく人と喧嘩をしました。妻とも些細なことで争ってきましたが、それが業です。先輩から「**業とは命と引き換えにする位重いものだ。事故、病、災難等一切が業因縁から生じたものだ**。それを天にお詫びして、徳を積むことにより果たすのが、しあわせへの道である」と教えられました。下座中は「でも、だっては禁句」です。自分を掘り、しかも何でも喜こんで過ごさねばなりません。農作業中に、ある社長と話す機会がありました。この方は、空手形を掴《つか》まされて会社が倒産寸前にありました。その原因は、全て**前生からの自分の悪因縁から生じたものであるから、自分にその元がある。寝る前にこの業因縁を天にお詫びしているというのです**。浮世であれば、空手形の主を恨み裁判にかけようとするでしょう。さすが道の人は、思いが桁違《けたちが》いです。下座が終わるころ、この方が「松の間」で発言されました。「……会社倒産の元は我が家の業にあると思いました。下座中の三月間、先祖と自分の積んだ業を天にお詫びしました」と。それから二日後、なんとあの手形が割り引かれ、会社が黒字に転じたという報告を受けました。おやかた様のお答えは「……誠の男を天は放っておきませんよ……」と言うものでした。

また他の先輩から「父を戴く」のが理だと教えられました。私も妻も貧しく生まれましたから親に感謝することを忘れておりました。むしろ貧しい父を哀れみ、自分を貧しくした父を恨むこともありました。そこで毎晩寝る前に南（天と先祖の座がある）に向かい「お父さん　今までお父さんの情を忘れていてごめんなさい」。自分が六〜七歳頃の「優しかった親父を思い浮かべ」お礼と親不孝のお詫びを続けました。父の「みたま」を戴くことが「先祖のみたま」に繋《つな》がり先祖の加勢も得られるのだと先輩から教えられました。

内藤　お父さんを思い出して何か変化がありましたか？

高橋　胸がスー、としてきました。天上の「父のみたま」と繋《つな》がったのでしょう。先祖の加勢があるような気がしました。これを妻にもするように伝えました。妻も今は亡き父に「お父さん、ありがとう」と毎日、南天（注七）に思いを送ったそうです。**この世の神様は「父親のみたま」です。親は、子のために何でもしました。**これを戴かないで他国の神様や動物霊を拝んでも仕方ありません。**M教には親孝行の教えが無く教祖が親より大切なのです。**現世の目先の利益だけを求める教えです。それでも、私は手を当てて何人もの病人を救って感謝されました。しかし、今思うと病に成る人は、それなりの原因があったはずです。例えば、親不孝の息子が事故や病に遭うのは天罰で、これを改め詫びる必要があります。それをしないで、そのような方に手を当てて病を治すのは、その人の業を自分が背負う事を意味します。M教の多くの先輩方が、晩年、難病で不幸な一生を終わる理由が分かりました。この宗教は理が無いから誰にでも手を当ててお礼を戴きます。だから**他人の業を自分が引き受けてしまい、法だけで理の無い宗教は自分が駄目になります。**

内藤　それは、医師にも理が必要ですネ。

高橋　M教も医学も「根（みたま）」を知らないのですよ。みたまの世界を教えるのは、あたらしい道だけです。だから人類最期の教えでもあるのです。下座も終わりに近づいたころ事務所から「常住者」にならないかというお勧めがありました。そこで「家内は未だ一人立ちが出来ません。いつ不意の病や事故があるかわかりません。妻がもう少し元気になりましたら喜んでさせていただきます」とお答えしました。その次の日に事務所の方が「……奥さんと一緒にどうですか？」という、おやかたさまのお言葉を伝えて下さいました。そこで家に帰り先ず、妻に三月下座を勧めました。妻の下座が終わってから夫婦共々常住者として働くことになりました。ある時に、おやかたさまが私を呼び止めました。「……あなたさん　女房さんに甘いですね。本当に甘いですね」と言われました。それも二度言われたのです。ある時、おやかたさまの散歩中に庭園でお会いしました。当時おやかたさまは、杖がわりにビニール製のコウモリを使用しておりました。それを地面に指して「あなたさんは　本当に女房さんに甘い……もっとしっかりして下さいよ」と叱責《しっせき》して戴きました。私は緊張して棒立ちになっておりました。数分しておやかたさまと目が会い、その目が微笑んでおりましたので救われました。そして自分は妻に厳しくしているつもりなのに何が足りないのであろうか？と煩悶《はんもん》しました。その意味が分かる時がありました。盆に、妻が先に自宅に帰っておりました。その時、妻が玄関で転んで左手を折ってしまいました。近所の方々の援助で病院に入院しました。私も、休暇で家に帰り妻の骨折を知りました。退院にはしばらく時間がかかるというのです。そこで本部に電話をかけました。妻の看護のため一週間ほど休みますと言うものでした。その後、本部に帰り挨拶をしましたら、秋田さんからおやかたさまのお言葉を伝えられました。その内容は「女房の看護くらい、誰だってできるでしょう。兄弟親類ぐらいで足りるでしょう。この場を空けてどうするのですか?」というものでした。思え返せば妻の御面接で「……夫さんは、世の中が建て替わるまえになったらね、女房も子供も無いんやで。世の人々に手を差し出して人様の難儀を助けるという使命がありますよ。この男のやむにやむめない気持ちは、一人の女房にかかわってはいられません。女房一人を助けるより大勢の人を助ける時が　いずれ到来します。あなた（女房）はそういう時に天の手伝いをするのが本当です。あなたの役割はそういう役でございます」と言われておりました。

内藤　これは、高橋さんだけでなく道友一同に当てはまることだと思います。われわれがお行しているのは「世直り国替え」の秋《とき》のためです。この秋は、天地始まって以来の大騒動だと教えられております。昭和二〇年八月一五日の敗戦以上の「国替え」と成るでしょう。歴史的転換と成るでしょう。石油文明の終りの時です。明治二七年頃の超質素な時代に成ると教えられております。

　しかし、女房の都合で国家の大義を怠ってしまっては大変です。現在でも女房の機嫌で道の行事が妨げられることがしばしばあります。常日頃、我々男子は「理」を行ずる意味を女房に分かってもらわねばなりません。仕込まれた男は、女房一人のものではありません。国のために働く使命を持って存在しているのです。これは高橋さんを通して皆に教えていただいたと思います。貴重なお話をありがとうございました。

……人類始まって以来の大騒動　さあ　さあ　世直り　世が建て替わる。
その前に　息のとまることがあるじゃろう。……この道によってのみ人類は救われる。
『矛盾を超えて』（七五〇頁）

第七章

みたまを洗う…キリスト教からの脱皮

福岡・山下　忠良

要約

氏は、敬虔なクリスチャンであった。性格も真面目で努力の人であった。ある日、サラ金の事で息子とトラブルが生じ「この家に入るな！」と怒鳴ってしまった。その結果、息子は音信不通と成り狼《ろう》狽《ばい》した。俺は、絶対に正しいと、聖書の教えを息子に強要してきた。

他方、忠良は父が大嫌いであった。父は女たらしで母を泣かせてきた。このような父を憎んできた。山口為次支部長は、「その親不孝から息子の問題も生じている」と指摘した。父を戴かぬ限り先祖の加勢も、しあわせも無い、と理を伝えた。

目前の父は、前生（先祖）の姿を見せていてくれるのだと悟り、女狂いの父を戴く事が出来た。

一　貧困と非情な父に泣く

内藤　山下さんの事は、田上社長からお聞きする機会がありました。今日は、クリスチャンから道友への道のりを話して下さい。

山下　終戦後からお話ししましょう。昭和二〇年八月、八幡（今の北九州市）は大空襲に遭いました。街の全てが燃えてしまいました。文字通り丸裸でした。我家では、長兄は軍隊から未だ帰還しておりませんでした。両親と私と妹が次兄の所に転がり込んで、やっと生きておりました。その年の暮れに両親は、会社の社宅に入る事ができました。私は、終戦後直ぐ八幡製鉄に一四才で入社しました。母が病気がちでしたから喰うに困るという日々でした。母は栄養失調から体も心も衰弱していきました。それに伴って、父は自暴自棄となり家庭を見ないようになりました。父は給料から自分の必要な分だけ抜き取り、残りを家に渡しました。それは、母と妹と私の三人で生活するには喰うのがやっとというものでした。

内藤　山下さんの給料もあったのでしょう。

山下　少年でしたから一人前の給料ではないのです。私の全給料を入れても食べるのがやっとでした。やがて母がボケてきました。このような母に対して、父は「早く死ね。早く出ていけ！」と怒鳴るのです。二一年春に、長兄が軍隊から帰還しました。しかし、その年の一二月に結婚して実家の面倒を見る余裕がありませんでした。

父の母センが近所に一人で住んでおりました。祖母は中気になり病が悪化しておりました。父は、祖母の面倒をみよ、と命令し、母を島流しのように祖母の家に送りました。それから父の一人勝手が始まりました。昭和二三年の春、父は会社から管理者用の社宅を与えられました。それは、五人以上でないと入居できないという条件でした。そこで兄夫婦と子供を入れて同居しました。二三年の夏、祖母が弱まりこの家に引き取られました。しかし、母は家に入れてもらえませんでした。仕方なく、母は一人で住む事になりました。一二月に母の住んで居た隣人から母の様子がおかしいと連絡をもらいました。急いで駆けつけると母が衰弱して一人で寝ておりました。そこで母を背負って父の社宅に行きました。父は「なぜ連れて来た」と怒るのです。私は、逆上し父の胸倉を掴みました。「何という薄情な男だ！」と怒鳴りました。そこに兄が来て二人の中に入り殴り合いはせずに済みました。これ以降、父は私の怒りに驚いたのでしょう。何も言わなくなりました。祖母は、その翌年二月亡くなりました。その頃のことでした。兄嫁が「お母さん、この頃夜中に水飲みに行かなくなりました」と言うのです。母は、若いころから健康法の一つとして夜中に水を飲む習慣がありました。ある時、母は兄嫁に「……夜、水を飲もうとして炊事場に行くと白い着物を着た女が居て、水飲みの邪魔をする。無理に飲もうとすると、氷のような冷たい手で私の手首をつかむので、恐ろしくて水を飲むのを止めた」という不気味な話をするのです。

内藤　誰かの亡霊ですかね。

山下　この話を聞いて父の顔色が変わり、その翌日、祈祷師が呼ばれ厄払いをしてもらいました。その席で祈祷師が不気味な話をしたのです。「この霊は　ご主人の最初の奥さんの霊である」と。父は、吃驚して盛大な法要を営みました。その翌月、寂しく母は亡くなりました。やがて兄夫婦も家を出ました。その四か月後に父は「若い子連れの美人」と再婚したのです。しかし父の新婚生活は八一日で終わりました。浮気性の父は、ある日、会社を休んで別の女の家に行き二人きりで酒を飲んでいたのです。夕方この女宅で脳溢血で倒れ、その日の内に息を引き取りました。死んだ場所が最悪だったので、若い義母は荒れ狂いました。お通夜の日に出刃包丁を振り回し父の遺体を刺そうとしたのです。……地獄ですよ。

内藤　その後どうなりましたか。

山下　半年に三度も葬式を出した家を出る事にしました。二〇才の時でした。妹は親類の家に預け、私が仕送りをしました。一人となり貧しい青春ですが、初めて自由が得られたのでした。

二　キリスト教に入信する

内藤　キリスト教には、どのような切っ掛けで？

山下　同じ職場に友達がおりました。彼は、近所の教会に日曜毎に通っておりました。性格も穏やかで立派な青年に見えました。彼に連れられて教会に行きました。ここでお会いした牧師夫婦は、優しい方でした。日曜日に教会に行っている間に段々魅了されました。今まで過ごしてきた家庭が地獄のような日々でしたから、教会はパラダイスのような気分でした。他の方々も上品でスマートな方々ばかりでした。気づいた時には、熱心な信者でした。暇があるとバイブルを読み牧師の話をお聞きしました。私は中学を出ただけで直ぐ働きましたから、教養には自信がありません。それがバイブルを夢中で読み、先生方のお話を聞いている内に知性にも自信がつきました。七年後、日曜学校の教師に任命されました。その内に「クリスチャンホーム」を作ろうと思うようになりました。二八才の時、クリスチャンの娘さんとお見合いをし結婚しました。二人でいつも賛美歌を歌い幸福な日々でした。クリスチャンの友達とお付き合いしている間に「人間はこうあらねば成らない」という固い殻を形成していました。後にこの殻が息子の不幸を招く事になりました。二〇代から三〇代のころは、この殻をより強く固くした時期でした。まもなく長女が生まれ、二年後、長男が生まれました。教会の役員にも推薦され、充実した日々を過ごしておりました。神から与えられた家族を幸せにするためには、信仰に打ち込むのが一番だと信じておりました。三三才の時、会社の近くに転居し仕事と信仰に打ち込みました。そして「私のこの生き方は、絶対間違っていない」と強く思うようになりました。倅《せがれ》が五才に成った時、小児喘息を患いました。製鉄所近辺は、石炭を焚くので煙が多く空気が悪いのです。そこで郊外に引っ越しました。

内藤　住宅を買われたのですか？

山下　そうです。過剰なローンを組み、馬車馬の如く働きました。職場には、朝一番に行きました。人の嫌がる仕事も進んで選びました。このような努力をした結果、職場の役職にも推薦され昇給もしました。何よりも終戦後の「貧乏・貧困・家庭の争い」を二度と経験したくないという恐怖心が私を勤勉に駆り立てました。

内藤　教会は、どうなりましたか？

山下　職場で主任を任せられると心労が重なります。日曜日に毎回行っていた教会も段々休むようになりました。それでも聖書だけは読みました。今思うとそれは、良いところ取りで都合の悪いところは、飛ばしておりました。家庭においても、自分の思い通りにならないと妻や子を怒鳴りました。自分を掘るという事は皆無でした。何時しか、妻、子供たちと溝が生まれて来ました。私が帰ると子供たちは、自分の部屋に籠るようになりました。「人を愛しなさい」と教会で教えられているのに子供達に嫌われる存在になっていたのです。それでも長女は高校、大学を出て今は、学校職員として働いております。格別心配する事はありませんでした。

三　息子から己の業を教えられる

山下　ところが、倅の方は、氣が弱く易《やす》きに流れ何をしても上手くいかないのです。高校二年の時、単車でトラックと衝突し四〇日も入院しました。成績も振るいませんでした。何とか高校を卒業して自動車の会社に就職しました。ところが、三か月で辞めてしまいました。その後、友人の田上商店にお願いし入社しました。一年後、又、スピードを出し過ぎ事故を起こしてしまいました。やがてここも辞めざるを得なくなりました。その後、布団の訪問販売の会社に入りました。ここの給料は、販売額に対する歩合制度でした。新人が、いきなり家を訪問して布団が売れるはずがありません。どの家でも布団はありますから、直ぐ売れるという商品ではありません。しかし、販売部長からは、売ってくるように強く言われ、息子はとうとうサラ金から金を借り自分で布団を買うという行動をしました。このような販売方法が社会問題と成り、その会社は倒産しました。その後、息子は別の布団会社に移り、成績を上げていると電話が彼からきました。ところが、その会社も歩合制で社会から批判されやがて倒産しました。そのころから信販会社やサラ金から息子宛に督促状が来るようになり、裁判所からも差し押さえ状が来るようになりました。倅の事で、家の中は暗くなり家内と口論が絶えません。妻に「お前の躾が悪いからだ」と批判するようになりました。

内藤　そのころ田上社長と下座で一〇日間一緒でした。そこで倅の問題を相談され一番良い方法は、道の一日研修に来る事だと助言しました。これは、息子だけでなくその親、先祖の問題が絡んでいると「ふっ」と思ったからです。

山下　その後、ドラマがあるんですよ。ある時、息子がひょっこり家に帰ってきました。何か相談したいことがあったのでしょう。しかし、サラ金の後始末の件が頭にありました。定年まで後五か月という時期でした。円満退社して老後を平和に暮らしたいという希望をこの息子に壊されるような気が、むらむらと沸き起こりました。私のエゴイズムであり、これが私の本性でもあるのでしょう。息子に「馬鹿野郎！　二度と家に来るな！」と怒鳴ってしまいました。息子は、返す言葉もなく黙って聞いておりました。やがて力なく家を出て行きました。（その数日後、妻は転び膝の皿を割り四か月も入院する羽目になり、弱り目にたたり目に陥りました。）

四　息子が行方《ゆくえ》不明

山下　激情が収まり、しまったと思い駅の方に息子を探しにいきましたが、会えませんでした。昼は、筑豊一体を車で探し回りました。夜の酒場も探し歩きました。中学、高校の仲間の間にも電話をかけ探しましたが、分かりませんでした。毎日「親として何と惨《むご》いことを言ってしまったのだ」という慙愧《ざんき》の念が込み上げてきました。牧師から「人を愛しなさい」と何回も教えられながら、息子に対して愛する事ができない。幾ら聖書で頭を鍛えてもカッと成ると我が出るのです。後に、田上からそれが「お前の業だ」と指摘されました。この時は己の未熟さを思い知らされました。俺は正しい、間違った事は一つもしたことが無い。だから息子にこの信念を教える。しかし、家庭は正に崩れようとしていました。この矛盾は何だ、俺のどこが間違っていたというのか？　毎日、自問自答を繰り返しておりました。夜は、神に一人祈り続けました。そして、床に入っても息子の事が気になりました。今頃どこに寝ているのだろう、寝るところも無く、駅のベンチで寝ているのであろうか？　妄想は限りなく襲い枕を涙で濡らしました。まったく馬鹿な親父だ、神の教えを受けながら何というザマだと思い悩みました。「何か大きな間違いをしているのではないか？」と思わされる日々が続きました。六三年春、思いもよらぬ所から息子の所在が分かりました。それは、母の命日、三月三日の事でした。親が合わせてくれたのでしょう、友の社宅に居候をして居たのです。その時、息子を一から教育せねばならないと思っていましたが、私には自信がありません。しかし、他に手も無いので勇気を出して「教会に一緒に行こう」と切り出しました。息子は「教会には絶対に行かない」と断るのです。私は途方にくれました。傍にいた田上が「人づくりは、あたらしい道が一番だ」と言ったのです。「お前も息子と一緒に一日研修を受けてみろ！」と彼が強く勧めました。しかし、私は「キリスト教は世界一の宗教であり、これに勝る教えはこの世に無い」と言って断りました。この間、近所で道の練合があり、田上に対する義理で参加しました。親孝行とか苦を喜べ、働くとは傍を楽にする事だ、親子は因縁の連鎖である等、キリスト教でも同じような事を教えておりました。道の教えも特別な事は無いと思っておりました。

五　親子で道を知る…息子に引かれて…

山下　後で分かった事ですが、息子が田上商店に居たころ、道の一日研修に参加したことがあったのです。その時、夜は皆でビールを飲み、多くの若者と話し楽しかった思い出があるのだそうです。教会には、行きたくないが道にならば行くと言うのです。更に、息子が、熱心にお父さん一緒に行こうと誘うのです。私を恨んでいるとばかり思っていたのに息子が積極的なのです。その後、田上に案内されて支部長の山口為次家を訪問しました。氏は、息子に二、三質問をした後に、私に向かって「**貴方は、お父さんに手を合わせ感謝しておりますか？**」と問われ、私は、即座に「とんでもない親父でした」と答えました。そして母に対する乱暴、愛人宅で倒れた事など全部ブチマケました。私は、間違ってもこのような父に成りたくない。父は軽蔑と嫌悪の対象でしかありません。思い出すのも嫌です。仏壇で線香も上げた事もありませんと、父を罵りました。氏は、私に同情してくれるとばかり思っておりました。氏は「息子の事も家庭内の事も原因は、そこにあります。そのようなお父さんでも父は父、貴方をこの世に生み出してくれた最大の恩人ですよ。これに早く気づいてくれるように、様々な事を起こして見さしてくれているんです。天上界に居る無きお父さんの「みたま」に思いを今日から送って下さい。父は先祖への第一の門なのです。これを通してとうとうとう……とつながり先祖の加勢を得られるのです。そして最後に天の加勢も得られるのです……」と。私は、不思議な思いで聞き入っておりました。キリスト教には精霊という言葉があります。**精霊がその人の中に入り「精霊に満たされて」話をさせるという意です。**牧師から聞いて、それを知っておりましたが、目の前に居る山口氏は正に精霊のように思われました。キリスト教では人を愛するという事は誰でも知っております。父を愛するのは当然ですが、私の父のような非情で品行の悪い悪魔のような「父を戴く」のが「絶対の理」だ、と「あたらしい道」では教えるのです。**山口氏**の言葉に感激しながら、これは本物だと思い研修に参加させて戴く事にしました。

六　父を戴く……キリスト教から脱皮……

内藤　父が、女癖、酒乱、博打好きでも「父を戴くのが絶対の理」なのです。長野にMさんという方がおりました。氏のお父さんは、母が子を出産するや飲み屋の女性と家を出てしまいました。母は精神不安定となり一家は困窮しました。氏は、子供心に、何時か親父を探し殺してやると決意していたそうです。ところが、ある日、親父がひょっこり家に帰ってきました。その前日、殺そうと思って町を歩いていた時に、ある老婆に言われそうです。「貴方は、父を殺そうと思っているね。その父の姿は、お前さんの先祖の姿なんだ」と。山下さんのお父さんの行為も先祖の姿なんですよ。道では、それを前生因縁《ぜんしょういんねん》と言います。女癖の悪い人は、先祖にも同じような因を持つ人がいたのです。「この業がみたま」に付いていて同じ事を繰り返すのです。父も同じ因縁で苦しんでいたんですよ。

因縁は回る　子車の如く　ころ　ころ　ころ　ドスンと回る
　　もの　総て　因がある

業因縁を詫びて果たすのが道の「お行」なんです。この因縁を消さないと同じ事を繰り返すのです。消す事を因縁納消《いんねんなつしょう》と言います。先祖の業は、誰も分かりませんが、出たものがそれなんです。

山下　因縁の世界は始めて知りました。その後、一日研修を受け、更に一〇日間の下座をしました。その部屋に福島県のＹ君がおりました。彼は岩手大学に入学したが、大学へは行っていない。それは、お父さんが東大を熱望するので如何《どう》してよいか分からない。二浪してがんばったが、毎日がツマラナイ、しかも家の中は暗く自分も精神的に参っていると。……毎日彼と話している間に、私の独善の誤りをY君を通して先祖が教えてくれたのです。

内藤　彼とは、新幹線で一緒になり話しましたが、元氣がありませんでした。……ところで息子さんは、三月下座後はどうなさいましたか?

山下　先祖の加勢とでもいうのでしょうか、鉄鋼構造の検査をする会社に運よく就職する事ができました。

内藤　山下さんは一〇日下座後、帰参されましたか?

山下　はい。その間、色々ありましたが、平成二年のお式の日に帰参したときに、道友から「根を洗う」事の必要性を助言されました。思えば、自分の独善を妻にも子にも押しつけていたということです。何よりも重大な事は、「父を恨んでいた」ことでした。これを夜寝る前に一〇日間、天と先祖に詫び続けました。私は、キリスト教を四〇年間信仰して多くの知識を得ました。しかし息子を導く事が出来なかったです。何か大切なものを欠いているという思いがありました。ある日、このような事を朝礼で話すと、練合でも話すように当番長から要請され話しました。それが終わると福島県のSさんが話しかけてきました。この方もキリスト教の信者でした。ところが、息子（先のY君）がノイローゼと成り困りきっている。……我家と状況が良く似ているとのことでした。

内藤　この方は、陸軍士官学校を出た元軍人で戦後、加藤寛治らと共に福島の原野に開拓に入りました。そこで洗礼を受けキリスト教を信仰してきました。その後、役場に入り教育委員長に成られました。氏は自分の信念を妻にも息子にも強要しました。その結果、妻とは別居状態で息子は精神不安定と成りました。軍人の心と体に、宗教の鎧を付け、身内に強要したからでしょう。この信念が二人を不幸にしてしまいました。（そして息子は命を絶ったと、風の便りで聞きました。）

山下　道では、「自分に厳しく　人さんに裕《ゆう》……」と教えられております。この時期、数日、おやかた様は、高齢（当時九三才）のため松の間にはおいでに成りませんでした。ある日お出ましになり発言がゆるされる時がありました。私は、大きな声で「今まででの出鱈目を反省し根（みたまの業）を洗います」と発言しました。おやかた様は、こちらを　じっと　ご覧に成り、「……貴方さんは　今まで　本当にメチャメチャでしたね。……分かっておりますか？」（はい）本当に（親を恨み理が）滅茶苦茶でした、と仰って戴きました。厳しい松の間でのお返しでした。身体中から汗が噴き出ました。同時に大きな喜びと希望が沸き上がりました。そして、涙がトドメナク流れて困りました。こんなに人前で涙を流したのは人生で初めての経験でした。

内藤　それは、みたまさんからの感激の涙です。**この世の絶対の理（父を戴く）を知った感激の涙ですよ。**理が立って身が立つと教えられております。共々、**理の通り生きましょう。**それが、本当の「しあわせ」ですから。（終）

第八章

「手つなう理」により黄泉《よみ》を彷徨《さまよ》う祖母を導く

埼玉・中島　和彦

要約

氏は、親子二代の道友である。親子の歩んだ道は厳しい茨の道であったが、それは男を磨く為の「お行」でもあったと、悟られた。

ある時、氏の娘が、死にたいと口走るようになった。道友と練り合う中で「祖母の霊が憑《つ》いている」ことが分かった。寂しい一生を送った祖母のみたまは、霊界を彷徨い娘にたどり憑いたのである。氏は、天上界に祖母の「みたま」を導くべく「手つなう理」を実行した。

その結果、娘さんは元気を取り戻した。

これは、医学や科学で解明されない「みたま」の世界である。

一　父・中島和一《わいち》の御明断

内藤　中島さんは、親子二代の道友ですね。先ずお父さんの和一さんが、どのような切っ掛けで「あたらしい道」を知ったのか聞かせて下さい。そして、「ご明断」の内容を披露して下さい。

中島　父は長野県埴科郡坂城町に生まれ、農業が嫌いで上京しました。昭和一六年、軍隊に徴兵され満州、南方に配属となり憲兵として働きました。戦後、帰国し機械の金型《かながた》を作る会社を練馬で創業し、後に川口に移転しました。昭和四三年に村松兼次氏に会い、道の話をお聞きしました。村松氏とは気学で一緒でした。「……気学なぞは、法の一部分に過ぎない。大阪のあたらしい道で、ご明断を受けるとその人の過去（先祖）、現在、未来まで明かされる」と教えられ、翌年、羽曳野にある本部で、おやかた様（教え主）からご明断を戴きました。その内容は、長いので要約します。「……貴方さんは　お父さん　そっくりですよ。（長野で）一人で居らっしゃるお父さんを大切にしなさい。いつもお父さんと、お父さんを拝むんですよ。お父さんを拝めば　あなたも子供さんから拝まれるように成ります。……貴方の習慣を子供さんに躾けるんです。**……この世は　これから　何れ底の底を突く日が来ます。その日の為に臍（みたま）を磨いておくのです。……天の理を知って下さい**」というものでした。

二　腹能《ふくのう》大学建設に努力する。

中島　その後、天村先生（おやかた様の夫君・以下尊称略）に見込まれ、多くの役を頼まれました。ある時は、武道館に一万人の「道の講演会」を開催するから人を集めよと、頼まれました。父は、友達、縁者そして会社の従業員全員を参加させ、百人位を動員しました。ライオンズクラブやロタリークラブで天村先生が話される時も同様で人集めなどに協力しました。後に山梨県小淵沢に腹能大学を建設する仕事の責任者に任命されました。頭でなく腹（みたま）を磨く大学を建設する、という理想に賛同したのです。山林を伐って校舎の敷地に変える。更に山林を畑に開拓する仕事もしました。自分は農業が嫌で長野から東京に出てきた。しかし今は、農地開拓をする羽目になったと言っておりました。昭和四九年五月校舎の棟上げ式がありました。その後、先生が昭和五〇年年六月に急逝され、大学の計画は頓挫しました。

内藤　河本啓雄の証言によると先生は、場の金庫から大部分の金を小淵沢に投資したそうです。そこで、おやかた様が、当時事務長をしていた菅原茂次郎に天村の浪費をたしなめるように依頼されたそうです。菅原が先生をやんわりとたしなめたところ、先生は怒りました。そして「お前は、おやかたの方ばっかり向いて俺の命令を聞かない」と言って菅原にビンタしたそうです。木津実からも当時の話を聞きました。小淵沢校舎の落成式には、閑院宮様、迫水久常参議院議員・嘉悦大学名誉学長、小淵沢市長、拓大理事の椋木瑳磨太等各界の名士が参集しました。その時に「腹能大学の案内状」も配布されました。しかし、おやかた様がこの大学建設に反対と知り、木津は案内状を配らなかったそうです。ある日、先生にこの件を聞かれました。木津は「おやかた様が反対なさるものには賛同出来ません」と答え、先生から怒鳴られたそうです。その夜、木津にお仕込みがあり

「お前さんは　誠の誠　誠の誠……ご立派　ご立派……」と称賛されたそうです。

柏木公文は先生から大学の講師を依頼されていました。しかし、理は講義できる。だが「みたまを仕込む事は出来ない」。それは、今はおやかた様しか出来ない。この点で悩んでいたそうです。そのうち　おやかた様から、「場が手薄になるので小淵沢の方に行かないでくれ」と言う話を聞き、これは、先生の独善だと気づき身を引いたとの事でした。この間、おやかた様と先生の間に在って菅原は悩みました。昭和五〇年一月二二日、東京道場において明治会が開かれました。その時、菅原は軽い脳内出血を起こし部屋に寝ました。彼は「医者は呼ばないでくれ」と周りに念を押して床にはいりました。周りの人は、脳出血特有の鼾がひどく心配だったそうです。これを、おやかた様が大阪でお聞きになりました。二二日、在阪していた新山晃一郎に、おやかた様

の「音」をテープに吹き込み、これを聞かすように頼みました。それは、おやかた様自らレーコダーに「理」を吹き込んだものです。その主内容は「……**天之御中主神《あめのみなかぬしのかみ》がね　あたらしい道をひこずるんですよ……**岩戸開きは　この道だけが　その義務を負わされている。**……この道は理が柔らかすぎた。それを菅原さんを通じて見せられた。理は厳しいものであるから今後は各自突き合って理を深めなさい。……葉隠武士が喜びほうけている。それ以外は中途半端だ……この道は　誠の出し合いです。**……この指図を徒《あだ》にしないで……新山さんの口を通して菅原さんに一遍言って下さい。後はテープでもいいから耳の底に染みつかすように聞かせて下さい」と。新山は、一度テープを聞かせただけであったそうです。二三日早朝、菅原は意識不明のまま入院しましたが、既に手遅れと成り二八日他界しました。同年六月天村も他界しました。

当時、先生は日本全国に講演に出ておられました。水俣病や公害問題が広がる中で、国が危ないという意識が広がり、天の理による世直りの論理は人気を得ました。腹能大学の建設も道の普及活動の一環でした。おやかた様は「……お国を大事という点で天村と一分の差も無いんです。天村が天の理を料理して浮世に撒いている間に……間が合わなくなった」（根四六号七八頁）と仰っています。お国の為に働くには、順序がある。最初に①自分を掘る。それにより②己の業を知り③業を詫び、④果たし⑤己を建て替え、その結果⑥「みたま」がキレイに成る。⑦いつも喜ぶ、何でも喜ぶ。その時「みたま」が、はたらき世直り、国替えの主体となる。この順序を飛び越えた講演やマスプロ教育では、それは出来ない。しかし「……天村式　天村流が　どんどん増えてきた」。そこで「……自然が（天村）を召しちゃったんですね。」と。（根四六号八十三頁）

三　大学建設頓挫に関連して全財産を失う

中島　先生が急逝され腹能大学案は頓挫しました。父は、この大学を建設するにあたりトラクター、ブルドーザー、重機等、そして供に働いていた数名の男達を活かすために「農業法人」を起ち上げました。長野に「農地付き別荘」の建設、販売を企画したのでした。この時に多額の個人資金をつぎ込みました。それは会社ではなく中島和一の個人名義で手形を切りました。社長であった「東宝ダイス製作所」には、責任が及ばないようにしました。しかし、影響は出て来ましたので中島和一個人として責任をとり社長を叔父にまかせました。そして、五二年自己破産し、埼玉と長野の宅地、家、農地等個人財産の全てを手放しました。

内藤　お父さんの企画は、画期的なものでした。しかし、個人でこの企画を消化するには、資本の面で無理が在ったんでしょう。ところで、家を手放し生活に困ったでしょうね。

中島　近所のアパートに一家で引っ越しました。……手形がヤクザに流れ冷汗をかいたりしました。私は、昭和四七年に高校を卒業し明治大学に進学しました。卒業後は、腹能大学に行く予定でした。それが頓挫したので、卒業後は父の会社に就職する事に成りました。

会社は、父の妹の夫（叔父）が社長に、妹（私の叔母）は経理を担当しておりました。工場長は母の弟が就任しておりました。父が社長を失職した後でしたので、私に対する態度には厳しいものが在りました。あたらしい道に行っているのに何故社長は土地や家を失うのだ。父（和一）が会社を危うくしたと二人の叔父は全ての不満を私にぶつけるのです。当時、事務所は板橋に、工場は埼玉に在りました。前者に社長、後者に工場長が居り、疑心暗鬼から二人の叔父が経営を争うようになりました。私がそのとばっちりを受けてきました。父が社長の時は、両者のバランスをとっていたのです。その後、父は無役の従業員として工場の雑草を一人で黙々と抜いておりました。私は、そんな父を横目に見ながら必死に罵詈雑言に耐えました。これは、後年のお仕込みですが「お前さんは喜びのよの字もない。これでは天もガッカリです。お父さんも（天上で）ガッカリしてますよ……」と戴きました。おやかた様は、このような状況でも喜んで通れ、それで「みたまがお胸に上がる」と教えられるのです。

ある時は、「お前さん　決めを一つか二つ作るんです。それを実行するんですよ。みたまさんと約束するのですから実行しなかったらとんでもないんですからね。」とお仕込みを戴きました。場に帰ろうとすると叔父達が、嫌な顔をするんです。「親父があたらしい道で大失敗しているのに息子のお前が未だ行くのか？」とことあるごとに言われ、叔父に反発したい気持ちがいつも充満しておりました。しかし、「決め」を作れとのお仕込みを戴き、叔父の言う事に「はい」と言う決めを作りました。今までも叔父に反論すると、その何倍もの批判や罵声が返ってきました。ある時は、大阪の場に帰る予定だと言ったところ「もうそろそろ、あたらしい道を卒業したらどうか。俺も卒業したんだから（叔父はそれまで道友であった）」。このような言葉に対して「はい」というのが、日々の「お行」として通らして戴きました。決めのもう一つは、頭で判断しないで「みたまさんと自問自答する」というものでした。現実に出てくる問題を、頭で判断すると損得勘定で判断するようになりがちです。それを「みたまさんに相談する」ことにより「天の仕い回し」として戴ける様にしました。多くは、割の悪い事をやる事が「決め」でもありました。

内藤　割の悪い事を喜んでするのが「果たし」でもあるのでしょう。このような矛盾を一つ一つ超えて行くのが、道の有難い日常の「お行」なのですね。

中島　その通りです。私は「ご面接」（昭和五六年十一月二〇日）の中で

「……お前さんね　お父さんに　あまり厳しくされていないんでしょう。手前の所に来たら厳

しく申しますよ。厳しくしないと　ここまでお運びになった事が無駄になりますからね。厳しく言われる事が　有難いんだ　とお思いになって下さいね。これからの時代頭だけで　いいぞいいぞと思ったら大間違いです。これからは一遍こねるんですよ。何事があっても必ず自分で調べてみるんです。……この世は　……**何れ　どうにもならない大変な時期が来る**……この道で（起きる事は）全て「お行」なんだと肚に決めておくんですよ」と戴きました。

内藤　叔父の意地悪も全て天の仕い回しですね。中島君を育てるための天のカリキュラムです。これは、万民が同じです。多くの人は、理を知らないから単なる「いじめ」だと受け取っている。苦を喜んで通るのが道の「お行」であり、それによって人も「みたま」も磨かれる。苦労が、人を本物にするのです。苦難の体験の無い人は、人生観が甘いですよ。

中島　苦難こそ「本当のお行」だと思います。しかし当時の会社は私にとって針《はり》の筵《むしろ》でした。会社を辞めたいと思わない日はありませんでしたから、喜びのよの字も生まれません。昭和五六年八月に、父に「会社を辞めて好きな事をしたい」と哀願しました。父は、「もう少し待ったらどうか。来年になったら　色々分かるようになるから……」と諭されました。父が言うのなら「何とか辛抱します」と素直に答えました。これが、父の最期の言葉となり一か月後、場に於いて心筋梗塞により急逝しました。雨が土砂降りの日、大阪から埼玉まで父の遺体を車に乗せ迫進、小浜浩司先輩に同乗して戴き帰埼しました。悲しみの中で、道友の同伴は心強かったです。

内藤　困った時に助けあう。これが本当の「情の情・誠の誠」ですよ。

四　和彦のご面接……金の世は　やがて終わる……（昭和五六年十一月六日）

中島　九月二八日、父が場で急逝し、その一か月後、お礼のために帰参しました。その時、母と一緒に御面接を戴きました。その主な内容は次の通りです（正式な御明断はこの二週間後でした）。

おやかた様　ご主人　本当に　お気の毒に　皆さん　さぞかし　お力お落としでございましょう。……あの日がね　手前の誕生日（九月二八日）の祝いの日でしてね　私も　吃驚致しました。……一寸　無理があったんでしょうね……お仕事の面でね。……みなさん……後々の事で　思い方を変えて戴きたい……中島（父）さんが　天上で毎日　嬉しい思いで　お過ごしに成る事がね……皆さんのお徳なんでございます。……貴方々は　ちっとも　お父さんに対して……反対しなかった　それが大したことでした。**これから先　世の中　とんでもない……　泥んこの世に成るもっとひどくなるんです**。その時にね　亡くなったご主人に　毎日々々　必ず……うれしい気持ちを　ご主人に通じるように〝ありがとうございます〟〝ごめんなさい〟とかを（言うように）

これを忘れないようにして下さいね。そうすると　**何時でも　ご主人（みたま）がね　お宅の入口で　見守って下さいますよ。ご主人を忘れてしまうと　とんでもないんですよ。貴方ね　（ご主人が）傍にいて頂くような気持ちにおなりに成って下さい。**……これからの世の中は　し難くなります。けれども（道友は）決して　まごまごする事は　ありませんよ。（みたまを磨き　理を実行しているので）大丈夫でございます。

内藤　お父さん（みたま）が家の入り口で見守ってくれている事を肌で感じた事はありますか？
父のみたまは、子が思うと時間、空間を超えて子の加勢に入るようです。

おやかた様　貴方（和彦）は　お父さんに　何もかも似ているんです。性質がね　（はい）　お父さん　そっくりなんです。この方は　お父さんを　うんと戴いていらっしゃるのね。尊敬して　いらしゃるのね。今時《いまどき》　お父さんを　尊敬していらっしゃる方は少ないんです。……**お父さん（のみたま）は　何時も自分の周りに居て下さるんだという事を固く信じきるんですよ。**それを（父のみたまを）曖昧に思ったら　とんでもないんですよ。（はい）そうすると　これから……いろいろな事　必ず　いい具合にシャンシャンと処理していけますから　大丈夫ですよ。……貴方はね……有難い性なんです……人を戴く性なんです……人を疑ったりすること　嫌いな方ですね。お父さんも　そうゆう方でした。只一つだけ　言いますからね　貴方　**この世の中ね　ドンドン悪くなるの　これから　もっと悪くなる**……いよいよの時が来た時に　必ず　お父さん　お父さん　そう思っていたら大丈夫です。（はい）

……お父さんが　あたらしい道の事で　いい事（理を）この方（和彦）に　おっしゃっておりますね。それを　本氣で聞く氣になったら（理が）分かります。……これから　うんと　しあわせにしますよ……貴方ね　**これからの時代は　金が沢山あっても　あまり　有難くないんですよ。……金は　そこそこでよろしいのです**……お金が　もっとなかったら困るという　心配は　無駄でございますよ。……貴方ね　今までの（金が第一の）思い方を替えて下さいよ　分かりましたね。そうしてね　お父さんのお蔭で　今の自分があるのだと思うんですよ。貴方　お父さん（のみたま）を拝むんですよ　それを忘れないでね。……貴方ね　**もう　世の中　ころっと　代わちゃうの……**一遍　**どん底に成ります。けれども　又ね　有難い世に　変わるんです。……日本は　地味な世になります。**分かりましたね。はい　結構です。

五　中島家の因縁を知る

内藤　日本は、一遍どん底に落ちる。やがて　明治時代の臥薪嘗胆《がしんしょうたん》のような時代に成る。お金があっても使えない……超質素な徳の世になる……と、教えられております。

中島　現代のお金の世から　どん底を通って徳の世に代わり「世直り」に成るのでしょう。平成二十年にリーマンショックがありました。自動車業界も大不況に追い込まれました。この時、叔父である社長が、「和彦が次の社長をやれ」と命令しました。社長の退職金は、七千万円との事でした。私は、赤字の会社で多額の退職金を工面せねばなりません。その前に、現従業員四七人が居るのです。この方々に毎月給料を払いボーナスも保証しなければなりません。会社は、赤字でも給料は社員に毎月支払わねばなりません。社長はそれを知っていて多額の退職金を要求するのです。頭で判断すると割の合わないポジションです。しかし　これも「天の仕い回し」と思い、社長職を引き受けました。その後、思いもしない政府の雇用調整金等、様々な資金を戴いて何とか不況を凌ぎました。

内藤　割に会わない仕事を喜んでするのが「決め」であり「お行」であるのでしょう。

中島　これが有難い道の「お行」なのです。平成二三年に三月下座修行を終わり、場の五日当番に入りました。このころから「みたまに刻まれた」因縁が湧いて出て来ました。

内藤　今まで眠っていた業が湧き出て「業がへげる」からみたまが光る。「みたまの汚れが取れれば誰でもしあわせに成れる」そのプロセスでしょう。

中島　私には子供が三人おります。その一人が、「今日も面白くない、明日も面白くない。」やがて「死にたい……自分のやる事が、皆、上手くいかない」このような言葉を発するようになりました。最初は、家を離れてマンションに一人住まいをしたいというのでさせました。この頃に、失恋したようです。更に、姉の結婚、友達の結婚等が重なりました。自分だけが「しあわせ」から取り残されたと思ったのでしょう。嫉妬、不安、焦り、孤独などの不な思いで胸の中が一杯のようでした。医学的に言えば、うつ病と言えましょう。リストカットもするようになりました。仕方がないので、病院に入院させたが治りません。そのうちマンションの二階から飛び降り骨を折るという事件が生じました。……この子が妻の腹に居る頃の事ですが、私が「屋上から奈落の底に飛び込む」という夢を見た事が在り、この夢が思い出されました。

内藤　夢は重要です。平成七年神戸の震災のあと、酒鬼《さかき》薔薇《ばら》聖斗《せいと》を名乗る少年（一六歳）に殺された山下あやかの事件をご存じでしょう。母親の山下京子が『あやかへ―生きる力をありがとう』（河出書房新社八四頁）の中で「娘が殺される夢を見せられます。何とか、娘を守ろうと必死に努力しました。しかし、日曜日の昼、真昼間の公園で少年と遭遇して殺されたのでした。それを母親は「あの日、あやかは、まるで巨大な仕掛けに乗せられたかのように凶行現場に吸い寄せられていきました。……恐ろしいほどの偶然が重なり、絶対に会うはずのない少年と出会いました。……あやかは、出会うべくして少年と会っているのです。それは、あやかの寿命というものであったかどうか？……あやかは一〇才で人生の幕を閉じました。やはりこの出来事は、あやか自身の命の内側に定まっていた事だと思います」と述べております。この命の内側とは、道で教える「みたまに刻まれた前生因縁」の事です。それは「宿命《しゅくめい》」と言うものでしょう。理を知らない人は、夢で前もって知らされてもどうしようも無いのです。業に対する対応が出来ないのです。

中島　理と法を知らなければ出来ません。私は、みたまさんと自問自答しました。何か天上から自分に子の見せつけの中に、これから立てるべき天の理の催促があると感じてきました。夫婦で何度も練り合いました。道友との練り合いを重ね、先祖の因縁の納消《なっしょう》に係わることであろうと思わされました。

内藤　先祖からの因縁を子を通じて知らされたということですか？

六 「手つなう理」を実行する

中島 はい。私は子供のころ、お盆に長野の父の実家へ帰った時、仏様の前に飾られた先祖の写真を見たことがあります。その遺影の中に寂しそうな祖母（父の母）の写真がありました。今回の事が生じるまでは、この祖母を深く思う事もありませんでした。今の会社で働いている叔母（和一の妹・前社長夫人）と祖母の顔がそっくりなのです。娘の今回の仕い回しを戴いてから、親類の方にこの祖母について質問する機会がありました。祖母は、乳飲み子を抱いて鉄道に飛び込んだとの事でした。父（和一）が四歳の時です。祖母の姑《しゅうとめ》は厳しい方であったそうです。更に乳飲み子に身上があったのかもしれません。可愛い子を抱いて命を閉じなければならない状況があったのです。これこそ我家の納消すべき因縁だと悟りました。そして「てつなう理」を毎晩実行しました。

「中島〇子に憑いているご先祖（祖母）さん、南天に天の座があります。そこで業のお詫びをして下さい。……天なるおやかた様、中島家の業因縁をお詫び申し上げます。どうか中島〇子（祖母）の「みたま」を天上界にお導き下さい、と。……つまり「天上界の道へ行くための、手伝い」を行いました。

内藤　手つなう理は、『天の理』一一五頁に「……かむはかりごとが　おいらのお腹の中に　いい具合に　はまっちょるえ　大いに理を理にして　黄泉の（国から天上界へ行く）てつないをしよう」と教えられております。先祖のみたまが、霊界を彷徨《ほうこう》していたのでしょう。先祖には、肉体がありません。そこで娘さんに憑いたのでしょう。……理と法を知った人が「天上界へ行く方法を手伝う」のです。……お父さんから祖母の話を聞いた事はなかったのですか？

中島　当時、父は四歳、姉は五歳、妹（叔母）は二歳でしたから詳しくは知らないようでした。父は大正一三年生まれです。曾祖母は、嫁（祖母）に厳しい人であったようです。曾祖母は、隣村から駕籠《かご》に乗って嫁入りしたそうですから地主だったのでしょう。他方、その中島家の主人が眼を患い、この治療費が莫大と成り、やがて山林、田畑を手放す事になりました。曾祖母が嫁いできてから家は急に傾いて来たと推測されます。父の生まれたころは経済状態もかなり悪かったのでしょう。祖母の自殺前は幼い子が四人居て貧困でした。乳飲み子を道づれにするのですから子供に身上があったのかもしれません。弱り目に祟り目の先祖……毎晩、中島家の先祖、そして悲しい運命であった祖母に思いを送りました。十日の日切りで「てつなう理」を行じました。更に当番や練り合い、町の仕事等を通して、あらゆる機会に業を果たし徳を積むように努めました。数か月ほど経った頃、ぶらぶらしていた子が「仕事が決まった。これから一生懸命やろうと思う」と私に言うのです。この時、因縁を納消《なっしょう》するとは、先祖の因縁（前生因縁）を子を通して見せてくれた。それを天に詫び喜んで果たし「みたま」を綺麗にする事だと確認できました。

内藤　理を知らなければ、娘の病も単なる精神病として片付けていたでしょう。しかし、これが、先祖から持ち越した業因縁であると悟り、㈠**詫びる、**㈡**果たすという「お行」をすることにより**「みたまに付いている業を洗う」事が出来た。つまり因縁を納消することが出来て業を徳に替える、この状態が真に「しあわせ」なのだと思います。蛇足ですが、これは神様に祈っても仏様を拝んでも解決されません。根（みたま）を洗う以外、無いのです。詫びて、果たす以外、方法は在りません。ここに「あたらしい道」の価値があります。

中島　そうです。因縁について、おやかた様は、次のように教えられております。「……（因縁は）**誰も知らん　知らなかったんです。ですけれども因縁を　いいぞ　いいぞと受け取る。そうしたら先祖さんの中にも　色んな先祖さんが　いらっしゃる。その先祖さんが　ごそごそと　皆　立ち直るんです。……天上でね、口添えをしたり、傍で理を　おっしゃったり、色々と沢山の方が立ち直っていらっしゃる　そうでございます**」と。要するに「出てきた因縁を素直に認める」。そして　これを詫びて果たせば、天上で先祖が「和彦……良く詫びてくれた。果たしてくれた」と喜んでくれる。そして　ごっそり「先祖のみたま」が正常に立ち直ってくれる。つまり「キレイなみたま」に成るという事だと思います。

内藤　地上における子供の身上は、天上における先祖のみたまの汚れの現れである。それを地上で中島和彦が詫びる、果たす事により天上の先祖も救われるという関係になっているのでしょう。富山に増田留次郎という道友がおりました。昭和五二年のある日、松の間が終わり、一同礼をし、おやかたさまが退場のためお立ちになりました。その時、彼が「おやかたさま　お待ち下さい。**死んだ父が、生前の業を代わってお前が詫びてくれとせがむんです。**父は縄で縛られガンジガラメになっていると言うのです。早く詫びてくれと背中を押すのです。……私が、父に代わって業のお詫びをしても宜しいものでしょうか？」と質問しました。おやかたさまは、真剣な顔に成られ、再度座り直されました。「……**それが　お行の順序でございます**」と、答えられました。このお答えは、我々は、先ず先祖の業を詫びて果さなければなりません。先祖には、肉体が在りませんから肉体を持った地上の子孫が、天に詫びるしかないのです。誰も先祖の業がどこに在るか分かりません。これを気づかせ因縁納消させるために、子の身上というような形で見せられるのです。あなたの娘さんのように「みたまに憑く」場合もありましょう、見せられて初めて業の存在に気付く場合もあります。聞くも因縁、見るも因縁と昔から言います。だから、見せられた事を他人ごとにしない。夢を含めて「みたま」からの知らせなのです。そのためには、先ず自分で掘る。次に道友と練り合い、他者の意見を求める。気づいたら業を詫びる。そして、果たすのが道の「お行」なのです。宗教のように賽銭あげて「お蔭を貰う」というような事ではありません。護摩を焚いて業を払うというような事でもありません。本当の「**お蔭は、根（みたま）の汚れを洗い、業を果たし、キレイなみたまに成る**」**それで、身上、事情の根源が消える仕組みになっているのです。**

中島　その通りです。先ず、先祖の業を詫びる。そして果たし、みたまの汚れを綺麗にする。そして自分の業も詫び、果たす……因縁について、次のような御垂示があります。

……人は　天に借りがある。それを　果たそう　果たしや　果たす　果たす　果たす。
果たすぞい　果たすぞい　果たせい　と天は　言う。
……大事なもので　果たせ。大事なものとは
命である。　息である。
さあ　さあ　さあ　それは　出来まい。一人残らず出来まい。出来まい。
出来んのが　当然である。
そこで　次に　大事なものがある。大事とは何である……大事とは何である。

物である。……物金である。
それを　世の為　人の為に　果たす　果たす　果たす。

（『法の方』昭和三三年九月十二日・六〇頁）

内藤　ある先輩が、「業とは　命をもって償わねばならぬほど重い」ものであると、良く言っておりました。業の果たしに、命は出せないでしょうから、せめて金と徳は、世の為人の為に出さねばなりません。

（終）

第九章

みたまが　開く　能《はたら》く　音《おん》に成る

鳥取・中村　利明

要約

みたまが開く場を見た人は、居ないであろう。見た一人が、中村利明である。氏は、昭和二〇年三月陸軍に徴兵され八月敗戦、その後、シベリア、モンゴルの捕虜収容所を通らされた。零下四〇℃を生き延び天眼を開かれた方である。氏の当番中にK子の「みたま」が開く過程を目撃し記録した。みたまの能いた例は、第五章の大澤秀規の例で紹介した。音の出た例は第三章の杉原徳男の例を紹介した。道友は、越すに越せない年月を通る時、日本人は「みたま」が目を覚まし「みたまが開く」と教えられているから、この記録はそういう場所に遭遇したときに役立つであろう。

みたまが開くという事は、人類初の事であるので多くの人は理解し難いであろう。しかし事実を事実として記録しておきたい。

一　みたまが開き　能き　音《おん》が出る

人の本当は、頭や肉体で無く臍の中に鎮座する「みたま」である、とあたらしい道では教えられる。これは、人類初めての教えであるから、多くの人は理解できないであろう。しかし、道ではみたまが開き、能き「音の出た」方が居る。この方々の経験と「根」の教えを比較検討して今後に供したい。

みたまが、何れの日にか開く。それは、いつ来るか分からない。

佐藤吉次は、小学五年生の時に熊蜂に頭を刺され気絶し「みたまが半分開いた」とご明断で教えられる。この場合は、突然の蜂の襲撃による激痛が「みたまを半分開かせた」のである。全部開かないと完成とは言えないらしい。開いた「みたま」は、理の通り歩む事を求める。先ず、業が吹き出る。理から外れていると気が狂う。道友が、練り合いをするのは、この理を深く腹におとすためである。佐藤は、みたまが半分開いていたため「みたまにひこずられる」事が度々あったという。例えば、ある日、浮気ごころで事に及ぼうとした瞬間「鼻血が出て」純粋を保つことが出来た。「勝手気儘な心の自由」は是正されるらしい。後日のお仕込みで「みたまさんが良い方向にお前さんを導きます」と戴いて鼻血の意味が分かった。みたまと理の関係を教える例である。

昭和一九年一〇月のフィリピンのレイテ戦に参戦した古参の道友の体験談をお聞きしたことがある。レイテの草原は何万という蛍が輝いて綺麗なユートピアのようだったと言う。その時は、美しく平和であった。そこに米軍の砲弾が撃ち込まれ炸裂したため、一変して地獄と化す。あちこちから被弾して腕や足を砕かれ捥《も》がれた兵の悲鳴が聞こえる。泥だらけの肉体で負傷し悲鳴を上げ介《かい》錯《しゃく》を求める戦友も居るという。このような戦場で、ある兵のみたまが開いた。この兵は「人間の馬鹿野郎」と臍から大音響がしたという。この先輩は話して下さった。これが、私には発狂したのか「みたまが開いた」のか分からないが、その先輩は「みたまが開いた」と思うと語られた。みたまは、このような大きなショックによって開く場合もあると教えられている。

おやかた様が、昭和二七年一二月六日夜九時、みたまが開き音が出た様子が『矛盾を超えて』一三九頁の中に記録されている。その時、おやかた様は、病と極貧の身で神棚の前に正座されていた。突然

「……とう　とう　とう　く　く　く　く　……………」

「さあ　さあ　さあ　く　く　く　く　……………」

「う　う　う　々　々　々　……………」

と言うような色々な音《おん》が約二〇分流れ出た。自分は、何も分からない。音から言葉になった最初

は「高い山から谷底見れば、何にもないないけど　天村一家の誠が見えた」である。更に後日「國を助ければ人が助かる。人を助ければ自分が助かる」「この女は　國助けの台である。その前に人を助ける。その前に霊界を助けた……」と音（ことば）が発せられた。

道友は、おやかた様のご明断によってみたまが開き、仕回しと仕込みによってみたまが段々能くようになってきた（行の様子は補章の一を参照して下さい）。そして何時の日にか、**越すに越せない日が来る**……この時、全国民の「みたま」が開く。そして能き、やがて　みたまから「音」が出るように成ると知らされている。それを具体的に教えられている。音の最初は「自然に　〝うをー〟又は〝どう　とう　とう　……メソ　メソ・メソ……泣く場合がある。それは、その瞬間だけであり要するに一**人残らず音になる**。」（根三〇号八八頁）

また別のところでは、更に詳しく述べられている。

「……言葉に成る前が　おん（音）でございます……言葉は神なり……

何れの日にか……我の身の内　自然に　みたまさんが生育します。

何時の日にか　大声上げて……驚く……音だから驚かないで安心です。

……やかただけでは無い　お前さん達も　**音になるんえ**」（根四三号五五頁）

これを機に「世直り」に突入する。頭から「みたま」の時代に成る。しかし、この時、「人口の内三分の一しか残らない。三分の二は業の果たしにより死んでしまう」（四六・六・二　根八号四頁）と教えられている。だから「みたま」の存在と理を知らせよ……というのが天命である。みたまが能けば、理の通り生きねばならない。これが「天の決め」である。現代人は、出鱈目から國の危機が生じていると知らせても欲が拡大し過ぎ「金儲け」だけにしか耳を貸さない。更に、現代科学を信仰し過ぎ、天の教えにも耳を貸さない。経済成長政策により、生存の母体たる**自然を汚染破壊し異常気象等の天罰を受けている。**そこで、身欲の人々に、天はお灸をすえるらしい。昭和四六年一〇月一一日（根九号五三頁）のご垂示で「……何もかも上がったりじゃ……仕事をしてもどうしようもない。世間がシーンとします。この塩梅で大体決まったんだなあ　という時期が来ます。**そうゆう時に、日本人は「臍」（みたま）が開きます。**……死のう　という人が一杯出てくる。**この時、皆さん　理を教えるんです…理を知ったら生きて生きて生きおおす　という氣に成る**」と。みたまが、開いた人は今まで何人もいる。その生き様や対応は様々である。

二　H青年の「みたま」が下座中に開く

昭和四七年一〇月、Hは兄と下座中に「みたま」が目を覚ました。彼は、この日、朝から嬉し涙が出て異常な状態であった。この時「みたま」が開き胸に上がったようだ。夜寝ないで喚き散らす。ある時、食堂の小母さんが、おにぎりを差し入れてくれた。それに対し「このおむすびには誠が入っていない」といって投げかえす。みたまが開くと、人の「心の中」が見えるらしい。ある時、下座部屋で「うお！」と大声が出た。六〇m位離れていた「松の間」にまでそれが聞こえた。一〇日たってもこの様であったので実家に連れて帰る。彼は、一本氣な性格であり、潔癖性でもあった。更に、経済的に豊かな「おぼっちゃん」育ちであった。つまり苦労が無いと「みたまをコントロールする力が少なく」現実に対応できずに世間から気狂いと見られる。父が場に電話して平井谷事務長に対応をあおいだが、明確な答えが無かった。その後、おやかた様からの助言として「昼寝せないように」と言うことであった。これは後で分かった事であるが、昼寝ると「邪霊や動物霊がみたまに入り込む」からというものであった。しかし、夜は深夜まで騒ぎ疲労し、昼寝るようになってしまった。みたまに邪霊が入られたせいか、次第に行動が狂暴化していった。隣が三味線のお師匠さんの家である。その音が夏は窓から流れてくる。彼は「うるさい！」と狂人のように怒鳴るようなった。普段は大人しい内気な男が、大声を出すように成って来た。更に直感が敏感となり誰が来るか言い当てるようになった。例えば「Ａが来る！　Ｂが今に来る。Ｃが来る」と部屋の中で言うようになり、その通りになった。彼は兄と一緒に空手を習い、二段であった。それが段々狂暴化して来た。時に兄に空手の真剣勝負を挑む時もあった。「兄貴ヤルカ！」目が真剣そのものであったという。いつに成っても正常に還らない。母が看病していたが、疲労のためか一年で他界する。ただし、彼は母に暴力をふるう事はなかった。

（当時は「詫びると言う事が不十分であった。後述するＫ子の経験で分かった事は、本人と周りの方が業を詫びる必要があった」。予知能力は邪霊による。これで自分は正しいと思うと邪霊がのさばることになる。）

仕方なく精神安定の薬を飲ませる。この薬は、頭をボー、とさせ、頭を麻痺させるようである。それから日々、食欲、生命力が減退し三〇年後、布団の中で永眠していた。（みたまが開くとみたまはしたいことをする。だから時代、世間に合わないことを平気でする。だからみたまの能きを世間の人が受け取れる様に上側（頭）を抑える必要がある。この過程でおやかた様は一つの臍が死んだと仰っている。（『矛盾を越えて』六三九頁）

三　B夫人のみたまが開く（昭和四八年五月）

B夫人は、「みたま」が頭へ突き抜けるような体感を何度も繰り返した。その度に頭を厚い本で押さえて凌《しの》いだ。長女が、昭和五八年四月下座に入る。下座より一週間後、意識が朦朧とし始めた。そして、下座部屋の同居者を平手で張るように成る。この時、長女のみたまが目を覚ましたようだ。時々、大声をあげる様になった。そこで、おやかた様の散歩中にB一家とお会いする機会を作ってもらう。その時、長女が、父を手の平で殴ろうとする。（父が場の常住となり、家にいないことを恨んでいたためであろう）。手を挙げた時、おやかた様が、長女の腕を握り「お父さんは……有難いお父さんなんですよ」そして「あなたさんは　病気でも何でもありませんよ」と言われる。これ以後、徐々に冷静になり、いつの間にか正常になった。父に暴力をふるうという事は、父を戴かない縦筋の狂いにあったようだ。つまり日頃の「理の狂い、理の受け取り違い」が噴き出たのであろう。それが、奇声や暴力と成って表れたのである。

気狂いの奥には　何（業）が在るんじゃぞ　人の言葉を借りて語らす　（教の泉五一二頁）

四　S青年の経験

Sは、昭和四九年八月の大学三年時、音が出た。この年の十日下座中におやかた様を戴き切る。松の間でお仕込み中、おやかた様より目を離さないで注視した。表現は悪いが下座中に「このようなご老婦・おやかた様が（当時七四才）が毎晩……一生懸命……国が危ない……国が危ない……」と叫ばれる。「紫の間」で御垂示を下され、国の方針を示される。松の間で国替えのための男を仕込む。このお姿に感動した。下座後に故郷の伊東に帰った。そこに高校の同級生が訪ねてきた。その席で十日下座の体験を聞かせてくれという事になった。そこで彼は感じたままを話した。最初に親孝行の大切さを話した。父を戴く事が、先祖代々につながる。父は、先祖に繋がる第一の門であり、これにより先祖の加勢を得る事ができるのだと話した。皆、成程と納得した。その内、外出していた母に電話で「急いで家に帰るよう」に要請した。更に伊東の道友にもみな集まるように電話させた。何か普段の自分と違う自分（みたまからか？）が指示しているようであった。そして、道友に対して「皆さん、お座りなさい」と言わされる。母に対して「テープを取りなさい……心配するな……まかせなさい……貴方（母）は早とちりなんですよ……（実際、母は早とちりが多かった）。集まった他の道友にも、おやかた様のお仕込みのような事をさせられた。……三時間位、話が止まらなかった。笑いも出た。「わあはは〳〵」と大声で笑い止まらない。弟がその姿を見てびっくりして泣き出す。その内、尿意がして来た。しかし腹の中（みたまか?）から「もう少し我慢せよ！」と指示があり、トイレに行けず困った。しかしその数分後、お許しが出て放尿した。そして正常になった。最後におやかた様のように「皆さん　これで結構です」と言い、「このことを場に連絡し蔭山先生にも連絡して下さい」と言わされる。彼は、蔭山氏をこの時は知らなかった。その後も彼の態度は、おやかた様のようにふるまった。近辺の人々に「お仕込み」をするように成った。時に、年上の方々にも、遠慮なく浮かばせた事を歯に衣を着せずに言うようになり、家族を吃驚させるようになった。数日後、特別面接があった。その時、おやかた様は、これで安心してはいけませんよ、と戒める。更に　一つ　**もっと苦を買いなさい**。二つ　**心は余分**と釘を刺される。彼は、良家の息子である。未だ若く、苦労知らずと言っても良い。近所の多くの人は、貧困であり病を抱えている人も多い。このような苦難を経験しないと他者に対する「情」が生まれがたい。二つ目の「心は余分」は難しい。簡単に言えば「心は損得、損得……を思っている」事が多い。人の心は、欲望に支配され澄む事がない。それは、みたまが汚れているからである。根を洗いきらない限り「業」は取れない仕組みに成っているようだ。業の果たしとして苦が生ずる。それを喜んで果たした時「心の埃」が消え「業」も消えるのであろう。

昭和五〇年四月一日のご面接後の「松の間」で、この時の事が取り上げられている。

蔭山　今日、若い方が臍が鳴って音が出た時の録音を聞かせて戴き感じました。……その学生さんは

おやかた様　その若い方は、ぐるりの**先祖さんのご加勢**がものすごかった……。……若い方は純真でね……**何の（心の）汚れも**……**純粋無垢**ということ　これが肝心ですわね。……**そこに先祖さんの加勢があったんですからね、これが素晴らしい！**　てことだったですわね。……みなさんね、**いつご自分達にも（音の）不思議が現れるか分かりませんよ**。それをね　吃驚したり　変な思いをなさったら　とんでもありませんからね。……夜中にピョンと飛び起きてですね。何かおっしゃる時があっても　決して狂ったんではありませんからね　余計な心配をしてはいけませんよ。……この道は「かむはかりの道」なんですよ。「かむはかり」ということを練り合って下さい。（根四二号六七頁）

ここで言われる「かむはかり」とは、先祖や天に見守られて現在があると言うような意味のように思われる。更に苦と心は、道の要諦《ようてい》である。本物に成るためには、既成の思想に囚われる事なく純粋無垢な心が大切である。古ければ古いものほど過去の経験や思想に囚われやすい。この話は、人類初の事であり素直に聞く以外ない。Ｓは学生であったから純粋であった。しかし、経

験と苦労は足りなかった。この道は、苦労と言う畑があって、その上に理の花が咲くらしい。

おんが出なければ　本物ではございません
臍が磨かれて　音が吹き上がる……

（根五号一一二頁）

五　K子の「みたま」が三月下座中に開く

K子、平成二二年一月六日より三月下座に入る。（以下、内藤と中村の聞き書きである）一月七日朝、内藤勝がK子に声をかける。「下座はどうですか？」彼女「……楽しいですよ」と元気に廊下の拭き掃除をしながら答えた。……一月八日　お式……無事に終わる。一月一一日の「松の間」で、K子が理を拝聴し朦朧《もうろう》となり始めた。板﨑が、それに気づき「松の間」から外に出すように周りの女性に手で指示した。NとYが外に出す。常住の中島さえ子は松の間に残る。下座部屋ではNが付き添った。夜、一〇時五〇分「松の間」（女の紫の間）に出席しようとする時、下駄箱の前でK子が座り込む。板﨑がこの場を通りかかり「出ていけ」と命令する。中島は、K子を「松の間」に入れる。当番が来て「彼女を松の間から出せ」と命令する。中島が、彼女を下座部屋に連れて行く。K子はご垂示《すいじ》を聞きたい」とせがむ。中島はご垂示の後半を聞かせようとする。……（紫の間、開始の太鼓の音が聞こえ始めた）　彼女は「ご垂示はいつ聞かせてくれるの」とせがむ。更にK子が「紫の間へ行きたい」と言う。中島はどうしようも出来ずに躊躇していると、K子が「……貴方の息子を殺すこともできる」といって、中島を突き飛ばし、紫の間に行こうとする。その時、武田登志雄が通りかかった。二人で彼女を布団に寝かせる。その後、武田が対応する。……一月一一日の「紫の間」が終る。

　板﨑が彼女に動物霊が憑いていると言って、彼女の背中を叩く。狐を追い出すのだという。後に、K子は、中島に「痛いわ、乙女の身体は、やさしくしてくれねば困りますよね」という。この時、彼女は正常であった、と中島はいう。

　一月一二日……早朝に、彼女が下座部屋のカーテンを小さい鋏で切り始める。Yの襦袢《じゅばん》も切られる。「彼女に狐がついている、切る……切る」とつぶやく。これを見て、N、Yが窓から飛び出て寺田の部屋に逃げる。その後、三班（石川・中村）が、彼女の対応をする。K子が「ご飯を食べたい」という。中島と一緒に七時三〇分より食堂でご飯を食べる。その後に昼御飯も一緒に戴く。彼女が「さえ子さん、油ものは食べない方が良い」という。彼女は御飯と水だけを飲む。談話室に二人が入り、K子がご垂示を読む。**一つ・素直になれ。一つ・業を詫びよ。一つ・水を戴け、**みたまからの指図であろうか。K子は従妹の着物を借りて下座に入った。その着物を気にしていた。それにアイロンを丁寧《ていねい》にかけていた。手つきは正常であった。

作業部屋で、彼女はおやかた様の様に舞う。中島が、「舞が上手ね、日本舞踊を習ったことがあるの」と聞く。彼女は「ない」とそっけなく返事をする。舞った後で「こんな事をしていられない」と、K子がつぶやく。武田の証言……横山の襦袢が切られ、内藤は「狐が憑いている」と言われた理由を掘る。彼女らは、元M教の人であったから、そのシミを指摘したのであろうと。K子から「(狐を)……殺してやる!」と言われY・Nは恐れた。二人は逃げだしK子を抱く人がいなくなった。

一月一三日、未だ正月の飾りが各部屋に飾られていた。彼女は、二mの高さのある飾りを飛躍して取り外した。中村利明は、彼女の若鮎のような元気さに驚く。この日、彼女は日中に松葉と練り合う。(松葉は当番で場に居た) しかし、彼は何もしなかった。この夜、松の間に出ないで九州から急遽《きゅうきょ》帰参した母と一緒に下座部屋で過ごす。彼女が「紫の着物を着たい」と母にせがむ。しかし、紫の着物は着れないが、普段着でおやかた様のように舞う。その姿は 天人に成りきった様子であった(一一日・おやかた様が、舞うDVDを見た影響であろうか)。木村準の証言……彼女は日中に中島さんと一緒に作業をする。彼女は一つ一つ作業を確認し念を押しながら「行」をしているようだった。K子は「中島さん、抱いてくれてありがとう」と礼をいう。（徹底的に抱く事によりK子の「心が開き」本音の対話が出来るようになる。**この心の交流が成立して理が入る**。つまり「**情が通じて理が入る**」のが順序なのである。関係者は、これを忘れていた。板﨑が母親に二〜三日一緒に場に居たらと勧める。しかし、両親は断り、翌日、帰郷する。

一月一四日……道友の計らいで木村準の車で場からN一家を新大阪まで送る。坂戸純也の証言、「彼女は何か達観した様子であった」と。木村準は、彼女との対話中に「貴方の言う事は、話に纏《まとま》りが無い。つまり起承転結の結が無い。この点が足りないいんじゃないですか？」と自分の理の足りない点を指摘され吃驚した。この期間に彼女は、みたまが能き、それとともに邪霊も入り、相手の「心の中」が、多少は、分かるようになったらしい。対話中に無駄話や冗談は無かった。曇りの無い眼をしていたという。

その後日談……N一家はF県のアパートに住んでいた。ある夜中のことであった。彼女が「**うおー**」(注一)と大声をあげる。隣の住人が驚き一一〇番に通報されパトカーが来る。彼女は入院を余儀なくされる。精神病の検査をされたが異常なし。故郷に帰ったK子は、仕事を三月休み、三月下座と同じように家で作業をしてその後、普通の生活に戻る。

六　市野光鵬……昭和四七年二月二六日

K子の体験は、不用意に、下座中にみたまが開いた時の、周りの反応と対応を私なりに記録したものである。大沢秀規（第四章を参照）の体験は、二〇〇度のアスファルトを頭から浴びると言う非常事態の中で「動くな！」と言うみたまからの指図があった。

最後に紹介する市野光鵬は、お仕込みと自分の日々の「行」によって「みたまが能き音が出た」方である。氏は、元教員で書道の大家でもある。更にM教の幹部でもあった。昭和三九年、真理を求めて道に来られた。ここで「人の本当は、頭で無くみたまである」と知らされた。そして「病は心に埃が溜まることから発する」のだとも知らされる。日々「十の心の埃」を払い、己を掘る行を真剣にされた。真面目な性格と真剣な行がプラスされていた。

昭和四七年二月二六日のことであった。

在宅中、早朝に「みたま」から次のような音が出る。

「さあ……さあ……さあ……世直り世直り　国の建て替え……大いにやれ……心配ない……心配無用……全て天まかせ……いよいよやるべき時が来た……待っていた……この日を待っていた……

ありがたい　……ありがたい……お前　本当に有難いな……本当に有難い人になった…お前よく辛抱したな……苦なんか無い……心配なんか何も無い……有難い　有難い　有難い……有難い」

その後、大太鼓をたたくような仕草になった。「どん　どん　どん〱　どどん〱……」と数分間、太鼓の音が鳴る。

この全文は、「あさ」一六号（昭和四七年五月号）に収録されている。氏は、ご明断で「**人の本当は　みたまである。肉体は偽物のようなものだ。偽物が　病むはずがない。みたまの汚れをへぐのが（貴方さんの）第一（の仕事）です）**」（決してM教のように患部に手を当てる必要はない、それは業を吸い取る）と教えられている。そして、「**一人前に成るには（己の）底を掘れ……底を掘ったら（音が）泉の如く湧く……恩を音にして　恩返し**」（根二五号四四頁）と頂いているが、それを実行された方であった。人格、教養、理の理解度等、全て第一等の人物であった。特に氏には「我と欲」が無かった。これが健全に自然に「みたまの能く」順序である。氏は、高齢の為、他界された事は残念の極みである。

七　まとめ……不用意にみたまの開いた時の対応策

みたまが開く、おんが出る。それは人類初の事である。日本人は、本来、「みたまが開き音が出る」ように創られている。その時が、世直り国替えの秋《とき》であろう。これは、医学も科学も対応できない。道友の経験とお示しから学ぶ以外に無い。みたまが開き、業も一緒に吹き出る。それにより気が狂ったようになる事もある。

それは赤ちゃんが生まれる時に無痛分娩もあれば、子宮外妊娠もあれば、逆子もあれば、帝王切開もある如くである。道の者は先達としてよき産婆さんでもありたい。

ここで、私なりにそんな場に遭遇したときの心得をまとめておきます。

一　医者に見せたり薬を飲ませては危ない。**病では無い。みたまが開いたのである。それにより本来の日本人に成ろうとする時である。**

二　そういう人を抱いたり、見聞きした人も同じ因縁があるのだから共に業を詫びる。これにより両者の悪因縁が消えていく。

三　抱く人は、人間本来性に基づいて、情の限りを尽くさねば成らない。多くは、暴力が伴うから忍耐と下座が必要と成る。これが「お行」である。

四　この抱き方によって相手さんが心を開き、情が通い理が入る。

五　道友は、毎日、自分を掘る。会わされた人から己の業を知り、是正に努める。**寝る前には、前生、今生の業を詫びて、根を洗う事が必行である。前生の業は、誰も分からない。第一〇章で、おやかた様の因縁を考察しているので参考にして戴きたい。目の前に現れている病や事故は、偶然では無く、果たしとして出現する。これを詫びて通るのが「お行」である。**

六　夜寝る前に根を洗った後、「理の通り歩みます」と天に誓う。練合で理を知らされるが、それを実行する事が大切である。ここから勝手気儘な心の自由とはさよならして、「理の通り歩む」人生と成る。**「みたまと理は車の両輪」である。こうなった時「余直り　世直り　國替え」**と成る。

七　発作が生じた時に「水」を戴く。水は業を流す法である。

八　市野光鵬のように日々、お礼とお詫び、そして、果たしの出来ている方は、みたまが開いても自然の生活であった。そうなる様におやかた様は、順序を追ってみたまさんを開かれ、抱かれていた。

九　業の多い方のみたまが開いた時の忠告として根（四十八・一・十六　十六号二〇頁）に「氣が

変になる人も出る」とあるので参考にして下さい。

十　みたまが開いたら、うろうろせずにすうすう行くのがいいと教えてある（予七四三頁）。向井Y女のように偉ぶったりすると奈落の底に落ちる。一山越えたら次の山と苦の連続を平気で喜んで通ることで、一天、二天、三天とみたまさんは生長していく。

注一　おやかた様も「みたまが開いた」時があった。突然「**うおー**」という大きな声が出た。田んぼの向こうに居た人に聞こえた。

注二　父親談　①下座部屋で発狂状態の娘を見て、親の建て替えがせがまれていると直感した。彼は、ご明断であった。「……これから　あれこれ　ありますが……大丈夫ですからね……」と戴いていた。これは、結婚前のご明断であった。その後三人の子が生まれた。それぞれ深刻な身上を戴いていた。息子は一〇年に及ぶアトピー患者であった。姉は、自動車事故により二〇日間意識不明となり、足に後遺症が残った。そして今回、K子が発狂したと思ったという。それまで彼は、何十年もチャランポランな道友で商売が最優先であった。長い間、世直り、余直りの意味が分からなかった。これを機に道一本に成りきる真剣な人生を選んだ。
②K子は、三月下座の一年前に一日研修に来る。家で練り合いをしている時も「熱心に理を聞いた」少女であった。みたまがうぶであったので、それが敏感に反応したのであろう。道友は、いつでも「みたまが開き音の出る」状態に置かれている時期に成っていると認識される。

日本人は一人残らず音になる
お前さん達　音を知りや

（根二五号四四頁）

第十章

世直り・國替えへの順序

静岡・大澤　豊雄

要約

氏は、母子で道友である。母は、どのような病でも治せるほど「理と法」の効く方であった。しかし、ここは病治しが目的でなく「世直り國替え」が本願であると、おやかた様より諭され平凡を旨として生きる。

氏は、昭和一九年に父を戦争で亡くした苦労人である。母と弟の三人で戦後の苦難の時代を乗り切った。道を知り理の通り歩んでいる誠の人でもある。長らく場の当番長を務め天の場を守っている。

氏は「世直り國替え」の順序に精通され、それに何時でも対応できるように「お行」をされている。

誠の誠を実践する場を代表する男の一人である。

一　前生因縁の仕組みを知る

内藤　大澤さんは、静岡県の方ですね。静岡の何処辺《どこへん》の生まれですか？

大澤　遠州掛川です。

内藤　そこは、戦国時代に山内一豊が、五万一千石の城を築いた所ですね。

大澤　そうです。関ヶ原の戦い（一六〇〇年）で山内一豊が、徳川家康に味方して土佐に転封するまで掛川を居城にしておりました。

内藤　土佐に転封した山内一豊は、今の高知市に二十四万石の城を築きました。一豊の姉（通）の子に安東十郎がおりました。彼が宿毛藩《すくもはん》七千石を預かりました。それが「安東家」です。おやかた様（教え主）の父上、安東重起の血筋の方だと思います。

大澤　夫君の松木秀樹（天村先生）の生まれは、土佐の須崎ですね。

内藤　おやかた様の母方のご先祖は、宿毛藩の役人で上村と言います。（以下図10－1参照）、上士で村役人であったとの事ですから、掛川からの直参であったのでしょう。地元の長宗我部の農民は、新城主により農奴のような地位に置かれました。長宗我部の侍は下士として位置づけられ江戸時代、武智半平太や岩崎弥太郎は郷士でした。上村が村役人の時、天明六（一七八六）年百姓

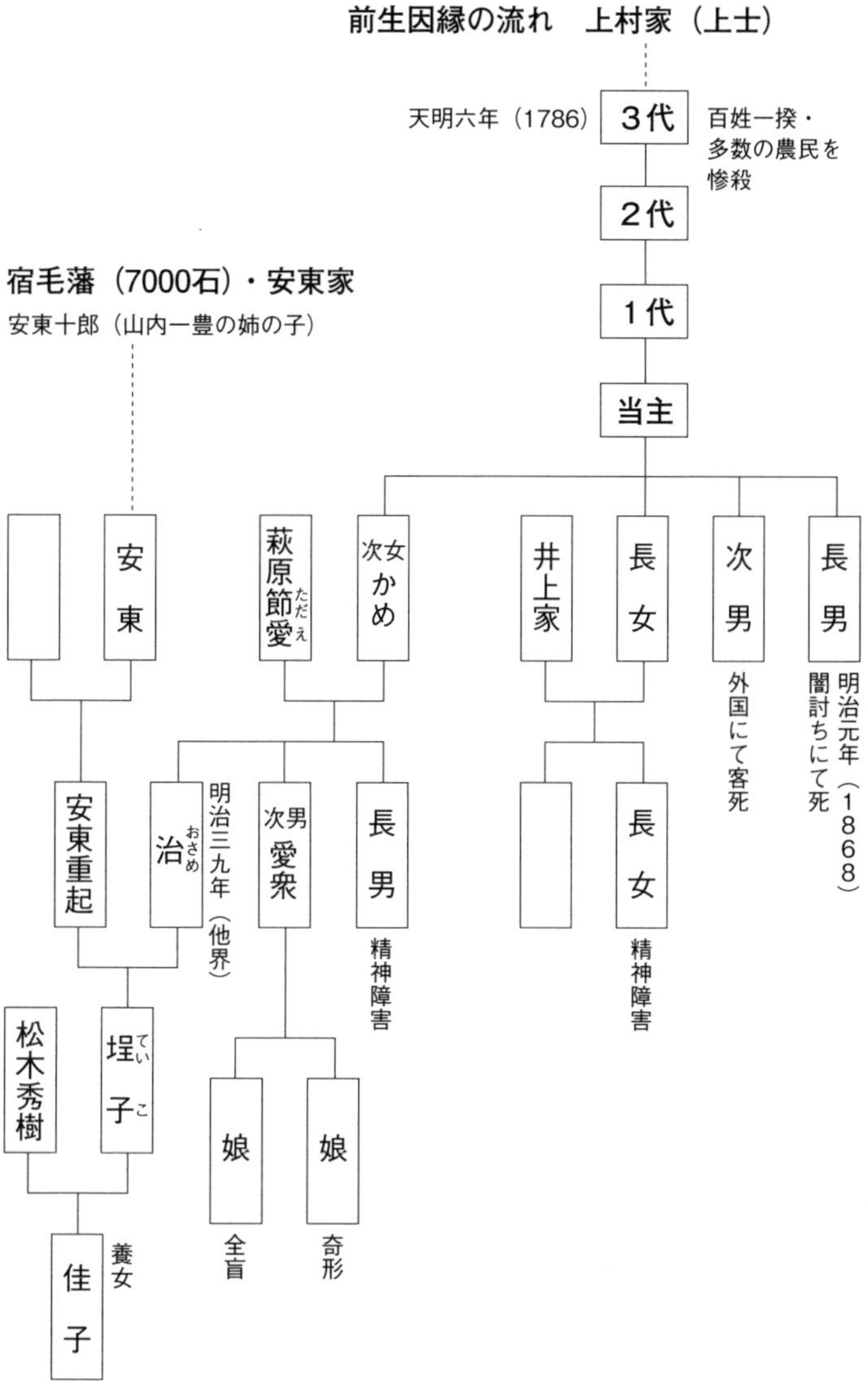

図 10-1　上村家（上士）の前世因縁の流れ

一揆が起き、約八百人の百姓が蜂起しました。土佐は台風や大雨等の異常気象が多く、稲作は不安定でした。更に、米の搾取率は、五〇％以上であったでしょう。農民は、餓死するか生きるかの状態に常に置かれて来ました。しかも、土佐は島ですから逃亡が出来ませんから生か死かの一揆となります。上村は、それを武力で抑えて沢山の百姓を斬り捨てご免にしたのです（書簡集205）。その業因縁により明治元（一八六八）年、長男は、闇討ちに遭い惨殺されました（図10の1参照）。一揆から八二年後ですから沢山の百姓の恨みが、上村家の血に付着していたのでしょう。次男は外国に留学中に客死、長女は精神障害でした。次女の「かめ」（おやかた様の祖母）は、萩原節愛と結婚しました。かめの長男は精神障害でした。次男の愛衆の長女は奇形、次女は全盲でした。愛衆の次の弟（三男）は病死、四男は盲人でした。かめには二人の妹がおりましたが、二人とも早世しました。（図には記載していない）かめの長女の治《おさめ》だけが正常でした。治は安東重起と結婚し、「埕子《ていこ》」（教え主）を産み、明治三九年二五才で他界しました。おやかた様は、当時六才でした。（詳しくは、「矛盾を超えて」二二二頁を参照）先祖の業により、分かった人だけでも一四人が果たしたのでした。これを宿命と言います。先祖の犯した業は、その末裔が果たさねばならない仕組みになっているのだと、教えられております。（その他、萩原愛衆（元検事）の兄、萩原汎愛（明治三十一年・埼玉県知事）の子供達、二人が身上であった、と先

輩から知らされましたが、書物からは確認できませんでした）
　昭和二七年一二月六日、おやかた様の臍の奥に鎮座していた「みたま」が開き能《はたら》き、以上のような先祖の業を高御産巣日《たかみむすび》より教えられたのでした（予二七五頁参照）。

大澤　これは、単なる上村家の歴史では無く、重い病や事故は「図のように先祖が積んだ業から生じる」と、分からせて戴いたのです。

内藤　道では、これを前生因縁と呼んでおります。宿命とも教えられております。

大澤　そうです。我々は、先祖の犯した様々な「業因縁を、果たさねば成らない、いや、果たすために生かされているのだ」と教えられております。ここが人類初の理です。そして、この業を果たすと天上が徳にしてくれます。実《じつ》の神が能き、果たしを果実（味・人間味）にしてくれます。

内藤　逆に言えば、現在、奇妙な身上（病）や事情（事故）が、生じるのは先祖の業因縁の果たしであると、理解できますね。

大澤　因縁は色々です。人殺しの家、博打に凝る家、女問題を起こす家、様々です。「因が在って身上、事情が生じる」。前生因縁は、地主の家に端的に表れている事が多いですね。大きな米蔵を持つ地主は、戦前、何百俵と言う米を小作料として搾取していました。戦前は反（一〇a）当たり五俵（三〇〇kg）の収穫量でした。小作料は、一等米で約二俵（一二〇kg）が平均でした。

小作人に残るのは、二等米とクズ米です。実質、五〇%前後の搾取率になります。江戸時代の土佐藩の農民に近かったでしょう。そうすると小作人の貧困から地主に対する「恨み」として残ります。それが、みたまに突き刺さり（記録され）地主の家では、子供の早世、精神病、事故等の身上、事情の家が多いですよ。これが典型的な前生因縁ですよ。高山（世の上に立つ人）の因縁とも言えます。おやかた様の通り越しを見本にして、自分を掘ると自分の前世因縁が知らされます。

内藤 ところで大澤さんの生まれは、何時ですか？

大澤 昭和一九年一二月二六日です。父は海軍に二度招集され、最期は、小笠原諸島の父島、母島の警備を命じられ、そこで米軍の機銃掃射に遭い戦死しました。

内藤 私も一九年生まれで同じ世代です。義兄はレイテ戦に参戦し命からがら帰国しました。私の同級生の一割ぐらいは、父が戦死しております。このような家庭に生まれ、昼の弁当が持ってこられず、小学一年から中学三年まで、昼は水を飲んで過ごしたと先日の同窓会で初めて知りました。しかし、このような苦労をされた方ほど成功しており、人生大学が「忍耐」「必死の努力」を教え「苦が人を人間性を磨いた」のでしょう。

大澤 私の父は戦死したので、私は父を知りません。母が寡婦《かふ》となりましたから、祖父が父の弟と母を一緒にしました。その義父に私は育てられました。その義父も、私が高校三年の時、他界しました。母はこのような環境から、宗教に救いを求めましたが、義父も亡くなり宗教の限界を感じました。そこで当時の教会長に「M教では人は救われないから辞めたい」と、断りに行きました。その時の教会長が道友であった市野晴久だったのです。

内藤　市野さんは、長男を二〇歳で亡くしておりました（前著『臍は天の座である』参照）。更に、次男が腎臓結核にかかり「手を当てる」だけでは治せないと、言う経験があります。あたらしい道に来て、晴久も輝夫もご明断を戴きました。その時、晴久に対しては「……子供の身上は、父の思いの悪さ（M教に頼る）が子供に病という形で出ているだけですよ……今夜から一〇〇日のお詫びです」……と言われました。そして輝夫に対しては、「貴方は何でもありません……朝コップ一杯の水を戴いて、日中は陽気にのん気にしていれば　いずれ　病は　……消えます」と、教えられたそうです。そして数か月の間に、薄皮を剥ぐように病は、消えていったそうです。

……病の元は、業なのです。

大澤　当時は、そんな事は分かりませんでしたから、M教の先生にお断わりに行ったのでした。そうしたら「大阪に、あたらしい道という所がある。そこは、病気治しの所でなく国替えを目指す絶対の所」だから、そこに行きませんか？と言われて、先生に案内してもらい、場に来たのです。

昭和四一年二月にご面接を戴き、四三年九月につながりました。そして五二年に三月の下座をさせて戴きしました。

先ず　母の御面接を紹介しましょう。

二　道を知る……母の御面接（昭和四三年二月）

ようこそ　いらっしゃいました。……桃から桃太郎は生まれ　竹からかぐや姫は生まれました。貴方（の母）は　岩から……母方の八代前の先祖は……岩を掘り起こして　そこから　ポカンと生まれたようなお方です。それは　天からの差し廻し　いわば神様の廻し者　その片鱗が貴方（母）に入った。それが（みたまを取り巻く）岩盤です。

内藤　神様の廻し者……岩盤とは、どのような意味でしょうか？

大澤　岩盤とは、みたまに付いた汚れと言うべきか？　みたまを能《はた》らかせないように取り巻く岩盤のようなものでしょう。宗教に頼よろうとする甘い思いでしょうか？　母は、御面接後あたりから病を治せるように成りました。様々な方が、噂を聞いて来るようになりました。産後のひだちの悪さ、胃潰瘍、精神病、肋膜、癲癇、糖尿病等の人が来ました。母は、「我、欲、高慢等の心の埃を取り、陽気に生きなさい」と助言して治しました。陽気に成ると免役力が高まり、細胞も活性化し自然治癒力が高まるようです。その根の底にある**業を詫び果たし「みたまを綺麗にする」のが道の「理と法」なのです**。芯から「**今、今を喜べれば、病は消える**」と教えられております。いつの間にか「村の神様」と言われるようになりました。ある時、先輩がおやかた様に話されました。やがて、おやかた様が御面接され、そこで神秘的な事を指摘されました。

内藤　どんな事か、具体的に話して頂けませんか?

大澤　「……お前さんは、男喰いだ。(二人の夫に死別した事か?)　二度目の夫は、自惚れの強い男であったでしょう。貴方は、それに反応したでしょう。その思いで男は死んだ。貴方は自惚れの強い人なんですよ」。男勝りで神秘に酔う母に対して、道の目的は病氣治しではありません。だから「平凡即非凡に徹せよ」と、戒められたのです。それからも、人が来ました。

ある時、近所に宗教好きなお婆さんが居ました。その方は、深夜になると蛇、狐、狸等が家に入るような気がして眠れないと相談に来ました。それに対して母は、天の理を口ずさみなさい、と伝えました。例えば、

神という名があると思うなよ　神は上である　上を　かみというぞいな

骨の髄まで　しみとおる　苦しみをするほうが　また味なものである
それを損のような徳という

先祖の業の果たしを逃げて、お稲荷さんや神様に祈ると狐や蛇等の動物霊が「みたま」に憑くのです。動物霊は、みたまを喰うのです。他方、天の理には邪霊を寄せ付けない力があるのでしょう。母は商売も上手でした。掛川で蚊帳《かや》を仕入れ、冬に東北で販売するのです。しかも弟を背負って冬行くのです。母は、子を育てるのに必死でした。昭和二〇年代は、蚊帳が必需品でしたから売れました。次に私の「ご明断」を披露します。

三　御明断……（昭和四十一年二月）

お前さんのお父さんは……（テープが劣化し聞こえないが、父と似ていると言われたのかもしれない）。今は　天意が通っていない。……**神様にすがると天意から遠くなる。神が介入してくると己の建て替えを忘れる**。……宗教に安んずると　天意から遠くなる……**己の建て替えこそ　おうかんの道です。それが人類救済の道です**……いつも天から見られている……自分に天に対する氣があると、それが分かってくる。だから、神々とは手を切る……神々の存在が悪をのさばらしてきた。
……神々が、己の建て替えを遅らせてきた。
内藤　宗教が、業の果たしを忘れさせると言うことですか？
大澤　そうです。**天の理にそわない拝み、祈りという事が「己を掘る」そして「先祖の業を果たす」と言う事を忘れさせるのです。神々が、己の「みたま」を磨く事を遠ざけるのです。**母も宗教に凝り、妻も宗教に凝り、それは、「何かにすがる」「何かに祈る」つまり、神を求める私の姿でもあったのです。更に、私の宿命も指摘されました。「お父さんと早く別れる……それは、生まれる前からの宿命であり　常に痛めつけられる……宿命にあった」と。
内藤　親と早く別れ虐められた宿命は、おやかた様の人生と似ておりますね。その苦難で「みたま」が磨かれ「業を果たした」のですね。磨かれるから苦も有り難いのですね。……ところで「おうかんの道」とは　どのような意味ですか？
大澤　**天と意思が通ずるのが「往還の道」、又は「王冠の道」**だと思います。
内藤　天と自分の間に神々が存在すると「天意が分からない」。つまり業の存在、業の果たしが出来ない……神が甘い期待を与えるから……と言うことでしょうか？
大澤　そう思います。……私は二三才の時、結婚しました。今思うと、当時は、人格も肚（みたま）

も幼稚でした。この時は、妻の姿が自分の姿と思えませんでした。……妻には、「夫は天　地は女房である」と仕込みました。女房はある時、おやかた様の御面接を戴きました。おやかた様は開口一番、女房に対して「……（キリスト教と比較するために）覗きにおい出になったのですね。……」と仰いました。最初、この意味が分かりませんでした。妻は、すでにキリスト教統一教会の会員であったのです。つまり「キリスト教とあたらしい道を比較するために来たのですね」と言う意味でした。その後　事務所の平井谷先生と三人で練り合う事になりました。妻は能弁で先生を論破するほどの勢いで激論するのです。それを傍で聞いて、私の知らない妻の一面を見て、愛情が冷えて行くのを感じました。更に、おやかた様は「この方（妻）は良い方ですね」と二度も言われるのです。後で分かった事ですが「お行する対象として良い方」と言う意味でした。更に妻に向かって「……貴方……風習に従わないと損しますよ」と。これも後に分かった事ですが、この真意は「……天の理に従わねば損しますよ」と言う意味でした。私は、最初から「夫は天女房は地である」という立場で妻に接しました。この態度だと夫婦の間はだんだん冷えていきました。

内藤　「夫は天と尊敬される」ほどに、自分を磨かねばならない。その砥石として女房を与えられているると言うことでしょう。

大澤　そうですが、当時は自分が出鱈目で、女房にだけ「地」であることを求めました。彼女は、キリストの「男女平等」の教えを信じて一歩も妥協しません。そして二三年間の夫婦生活に別れを告げる時が来ました。当時は、未だ「自分を掘る」と言う事を知りませんでした。争い事には、みたまに付いた業があるという事も知らないで、女房ばかりを批判しておりました。これを悟るために三〇余年かかったのです。

四　批判三兄弟……己を掘る事を知らず

大澤　静岡には、批判三兄弟の方々が居ります。他人の批判や噂が好きなのです。

Iは、Oが批判の対象です。Oの欠点が良く見えるのです。

Oは、本部が批判の対象です。本部の方針や不手際が気になり本部を痛烈に批判するのです。

Yは、父が批判の対象です。父の全てが気に障るのです。

この三人は、他者を強烈に批判するのが常でした。それを数年している間に根本を見失うのです。つまり、批判しあっている間に本質を見失い、天を見失い、生活も崩れるのです。怒り、腹立ち、我、欲、高慢……が身を亡ぼすのですしょう。彼らは、怒りが自分の身の内から湧いて来る。自分の根（みたまの汚れ）に　原因があるからです。だから自分を掘る事、つまり自分にゲンコツを向ける事をしないで、他人にだけ批判の目が行く甘い人々なのです。この三人の姿を拝見していて、これは、私の今までの姿だと思いました。自分に同じ根（業）がある、と思って己の業を詫びました。**隣人の行動は、我にも同じ業があると見せられているのです。見せられて居ると悟る事が「行」ですよ。**これを見せつけの理を立てることだと聞いています。

内藤　他人の愚かさを見て、それが前生の己の姿だと悟り己を正す。そして因縁から来る苦を通り業を果たす。このような「少しでもおやかたさまに似る」というお行が大切なのでしょうね。

大澤　この三兄弟に限らず、人類は対立の歴史でした。小さい事では、夫婦の間でも　私が正しいと言う主張が闘争を生みます。つまり我と我の対立、抗争を生むのだと思います。今までも、宗教、イデオロギー、政治経済……多くが対立してきました。これが、歴史の大問題でした。キリスト教とイスラム教、資本主義と共産主義、米ロ、米中の対立等、常に世界は対立している。今まで多くの覇権国家が生まれ、滅びてきました。栄枯盛衰は、自然の摂理です。全ての不幸な滅びの原因は、「**自分に業がある**」「**自分に原因がある**」**と思えない**、イノベーション（改善意欲）が弱くなるからです。場において我々の班は一八年の歴史がありますが、「場で練り合いばかりするな！」というような弾圧がありました。我々は、それに逆わらずに己を掘って「理を深める」努力をして来ました。

内藤　対立を超えるものは、何でしょうか？

五　先祖と己の業を果たす

大澤　絶対の理を信じる事から出発するのです。「**この道以外に絶対の理は無い**」（根一四五号・三四頁）**理は、黙って実行する事であり……それは、黙って徳を積む事でもあるのです。**

内藤　讃美歌や御詠歌を唱えていると暫し「苦」を忘れるのでしょう。しかし業の存在に変わりはありません。業と業は対立するのです。業と徳は対立しません。苦は、業の果たしとして生ずるのだから、神に頼むより果たし「みたまに付いる業を綺麗にする」。そうすれば、「願わずともお蔭が生まれる」のだと教えられておりますね。

罪あらば　許したまえと祈るより　須《すべから》く　ある業なれば果したまえと祈る　その方が神にはお受け取り遊ばされるらしいです。（『教の泉』一五六頁）

と教えられております。天理教には因縁の理はあるが、この果たしの理がありませんから「高山のみたまの汚れ」は取れないのだと思います。

大澤　神を拝む、神に祈る宗教は苦（業）を避けられたと一時、錯覚させるのです。

内藤　おやかた様のご先祖のように「人を斬れば、その果たしを末裔がしなければならない。物を盗めば、何時か盗まれると言う形で果たさねばならない」。現代に於いては、スリが財布を盗れば警察により逮捕されます。しかしその何百年か前の根（業）を知る事ができれば、先祖が盗った事があったから盗られたと知るべきでしょう。だから、今生の苦は前生因縁の果たしとして現れるのだから喜んで果たさねばならない。「みたまの汚れが無くなれば、難は無い」という事ですね。

大澤　そうですが、そこがスッキリ行かないのが人生です。天地の理法を通させないのは、前生因縁の存在があるからです。つまり私の例でいえば、宗教に凝る妻の姿は、我家の先祖の姿であると思う。それを、妻は宗教に凝る頑固な女だと表面だけ捉えて対立してきました。私にも同じ業があったと自分を掘る勇気が必要なのです。

内藤　先ず見せられた事を自分の事として詫びる、そして果たす事が大切なのでしょう。……だから前生因縁からの業をキレイにし……お詫びして業を果たす、これが道の「お行」ですね。

大澤　天地の理法を通る事は、先ず因縁を果たしつつ「己の建て替え」です。それがやがて「世直り國替え」に通じるのだと信じます。

六　世直り・國替えの順序

内藤　あたらしい道の目的である「世直り國替え」について教えて下さい。

大澤　昭和四九年十一月七日の話です。松の間において、閑院宮様が「……世直り、國替えと言う事について、具体的に教えて戴ければありがたいのですが」と発言された事がありました。それに対して　おやかた様は「……未だ粒（道友の完成度が低いの意か）が揃わないんで、今は何も言えないんです」と言うお答えでした。

内藤　昭和五八年一月十一日「道の事　分かったと言っても半分位か」（根一二九号一五頁）六十三年二月十四には「……お腹から　いいなぁ　と言われる人は百人中六十人ぐらい……」（根一五九号九一頁）だ、とあります。当時は、一〇〇〇名以上の道友が居たと思います。己の建て替えや、みたまの完成度は、分かりませんが？

大澤　そこが、大問題ですよ。……己の建て替えが進んでいなかったのでしょう。

内藤　五〇年七月三〇日（根四五号七三頁）「これから……段々……俺達は　……（おやかた様）に似てくる……ばん　ばん　ばん　三番位の段取りが（天上）で出来ている……**一切合切　成るに任すんですよ**……この道は　世の為　人の為で　何とも言えない。」

そして六二年二月一二日（根一五三号一二四頁）「……いよいよの時ですから　堂々と　万歳万歳　万歳ですよ（松の間に参列されていた道友一同、万歳三唱をしました）。昭和五十年から六三年ころは、閑院宮様をはじめ政治家では、福田赳夫、浜地文平、藤波孝生、鯨岡兵輔、物理学者の小田切秀穂、村山勇元大佐等多彩な方々が居られたと思いますが。

大澤　政財界の大物も沢山居られました。しかし今、この当時の方々を省みると、社会的地位が高いから「みたまが磨かれ、みたまが能くまでになった」とは、言えないのかも知れません。

内藤　藤波元官房長官の最後のお仕込みを、聞いたことがありました。リクルート事件が発覚する前年の年末の事でした。その内容は「……お前さんは、高山に理を伝えられる立場にありながらそれをしなかった。天は　残念　残念　残念……」と言うものでした。氏は、真面目な政治家でしたが、高山に理を伝えるという、天命には、忠実では無かったようです。

大澤　あたらしい道は、寄せてフルイに掛けて振るい落とす仕掛けのようですね。

内藤　この前のことですが、「……さあ丶丶丶**世直り　国替えには　順序があります**。その順序ご存じでしょう」と念を押されておりますね。

大澤　それには、**先祖の犯した業を詫び果たすのが最初です。そして己が今生で積んだ業の清算があります。業が無くなれば、みたまが磨かれ理と法が能くのでしょう。**……天上では、国替えの準備は出来ている、いや出来た、と言う事かも知れません。しかし　その後の地上における道友の建て替えの遅れか？　時期が来なかったか？……天地合体しなかったのでしょう。明治時代の天理教の「世直り」は、どうでしたかね？

内藤　明治一五年、中山みきは「陽氣つとめ」による世直りを試みました。しかし「心を澄み切らせ陽氣暮らしの世にする」という世直りを断念されました。当時は、官憲の弾圧が厳しく石工が逃げ、甘露台の石を警察が没収してしまいました。当時の信者は律（警察）を恐れて、神を忘れ、肚が坐らなかったのでしょう。更に「親様を囲む七十五人が集まらず」。親様は、世直りを断念し寿命を二五年縮めました。肉体がある限り信者がそれに囚われるので「扉を開いて肉体を隠し」神の存在を示されたのでした。

大澤　信者が、真剣になったのは、親様が息を引き取る寸前、明治二〇年一月二六日二時頃に「陽氣つとめ」をした、と「天理教祖伝」にあります。そして、親様が身を隠してから本氣で世に伝え、今では全国で一二〇万人に広まりました。

内藤　あたらしい道の理は、人類最期の理だと教えられております。あまりにも教えは広く、深く何百年前の先祖の業までを教えられます。それは、理解出来ないばかりでなく伝えきれずに今日まで来てしまいました。現在の自然汚染、破壊、地球温暖化、異常気象の発生等は、人の貪欲が齎《もたら》したものです。その代償は、天変地異で示すと示唆されております。例えば、関東大震災百年日（令和五年が一〇〇年目）等の危険性が高まり「越すに越せない日」が近づいて来たという気がします。

大澤　「**……何れ　夜と昼との　見さかいが　つかない……そういう時期が来たら　國替えです**」（根二二五号四九頁）とあります。

内藤　昭和五五年三月には、百年位で地震によって潰れ、金の世から徳の世に成る（根一〇一号・二三六頁）。更に、底まで（臥薪嘗胆の時代位）落ちてから　国替えです（根四〇号五四頁）と、具体的に明かされているのです。人類初の事ですから天意を読み切れ無いだけですよ。

大澤　「越すに越せない　通るに通れない底の経験」をして、みんな真剣に成るのでしょう。そして世直りに至ると予想しています。つまり、それを機に頭から「みたま」の時代となる。「**日本はいよ　いよ　の時に　みたまが開く**」（根三二号・八〇頁）のでしょう。異常気象、地球温暖化から沸騰化の時代になりました。いよいよの時が、近いと予測されます。

内藤　みたまが汚れたままで開くと業が吹き出ます。だから道友は、日ごろ業を果たし、みたまを綺麗にする事を伝えねばなりません。毎日を理の通り歩む事が「お行」ですよ。

大澤　この時、業の深い人は「天の篩《ふるい》」にかけられ業の清算を迫られる。そして理の通り生きる時代、つまり徳の世と成る。ここで、金儲けのみに生きてきた人が、自然の摂理通り、質素に生きねば成らない時代に追い込まれるのだと思います。そのためには、その中核に成る人……「みたまに業の無い人」が必要なのです。現在は、「やかたを囲む七〇人」を揃えるのが最重要課題だと思います。

内藤　七〇人は、場の中核という意ですか？　それは、天が判断する事ですから、私には未だ分かりません。次に国替えの時期が最大の課題でしょう。

大澤　みたまは、天の分かれです。それを磨けば、天意が分かるように成るのでしょう。「**一切合切を身の内から知らす**」（根一〇八号一九頁）だから「みたま磨き」なんですよ。つまり「十の心の埃を日々払い、同時に前生因縁を果たし」みたまを綺麗にする。それが己の建て替えであり、自ずと「肚から答えが得られる」ように成るのだと確信してます。

内藤　「國替えは　お前さん達　次第！」（根六四号一一頁）とも教えられております。……「多くの道友の業の清算が終わり、みたまが能くように成り次第　世直り國替え」に進むように受け取れますね。その機は天変地異によるのかもしれません。ある日、みたまが一斉に開く。「万朶《ばんだ》の桜のように一斉に咲く」のだと、教えられて来ました。

本来であれば、一〇〇〇人の誠の男が、日本津々浦々に理を伝えて國替えに臨むはずでした。しかし、粒が揃わなかったので、見切り発車となるのでしょう。このままの欲望生活を続けていけば、地球温暖化、沸騰化によって人類は滅亡でしょう。その前に越すに越せない日を与えて、現代人の目を覚ます。そして、本来の、地味で理の通り歩む日本人に建て替えるのだと、推察しております。私は、次の御垂示を毎日、口ずさんでおります。

○　自分を建て替えて　國替えを待つ

（根四四号四〇頁）

（終）

第十一章　しあわせに成る為の理と法

福島・林　慎平

要約

父も氏も欲の無い方と御明断で戴いている。氏の祖父は、林平馬で芦田内閣の国務大臣であった。その息子は、政治が嫌いでニジマスの養殖を生業とされ、孫の慎平がスポーツ・フィッシングに発展させせた。慎平はみたまが能き、事業と人助けに精を出している。みたまから「ふっ」と湧く通りに実行する。身上、事情の相談を受けると「自分さて置き　人さんへ」と言う思いで対応する。

最近は、荒れ放題の山林に桜、さるすべり、あじさい、ぼけ、つつじ等を植え、日本一の花園の造園をしている。五〇haに上る花野華は、二酸化炭素を約四二五tを吸収する桃源郷と成った。

清流の注ぐ池には、カワセミが飛び、鶯が鳴き、自然の下で生きる喜びを悟る場に成っている。

一　生まれつき　欲が無い

内藤　林慎平さんは、あたらしい道をどのような機会でお知りになりましたか？

林　東京の尾久にあります「株式会社・内藤」の元社長は内藤直幸で、私の母方の親類にあたります。社長の名代として氏家栄夫が、父にあたらしい道の「みたまと理」を伝える為に、福島の新白河の我家に来ました。父は多忙なので、私を代わりに指名したのでした。昭和四九年春に氏家氏により羽曳野の場に案内されました。その時の御明断の主旨を述べます。

ご明断（昭和四九年五月二四日）

お父さんと性質が似ているでしょう。特に両者とも「**欲が無い**」……あなたは「古い性」なのです……あなたの年格好の方と氣が合わないでしょう。要するに「日本人の古い性」なのね。貴方の性格は、真っすぐで歪んでおりません。……ちょっと角ばっているから　まん丸くなりましょう。……この道を知って中途半端で無く……真底道を知ったら……成程と会得するまで臍をお知りになったら素晴らしいですよ。

内藤　欲が無いと頂いておりますね。多くの人は、この欲を取るために人生の大半を使用してしまいます。それどころか、Kのように業欲に囚われて人生を終わってしまいます。次に主なお仕込みを教えてください。

林　以下述べるものは、主な「お仕込み」だけです。

この道は　お互いさん（同士）で手を取り合って道に成る……お前さん　気負って素晴らしい

昭和四九年八月二四日（以下年月日を省略して数字のみで表記す）

お前さんは純朴なお方　なにもかも至り切っている……世の中は闇です。ご自分をあかあかと明かりを灯す。そうゆうお方です。その人その人の「誠の理」で灯を点す。

内藤　ここでは、お互い同士が束になって世直りに備えよと示唆されております。

林　このお仕込みの後、松の間で袖に座っていた氏家に向かい「**この方は特別なんです。ちっとも（みたまが）歪んでいない。生まれつきの御徳なんです**」とお言葉を戴きました。その後……「**日本には底の底がある**」（四九・一二・一二）と言う事を知ってしまう必要がある、と念を押されました。

内藤　みたまが丸く歪んでない。みたまが歪んでいると極端な理の解釈に成りがちです。林さんは、常に鋭く本質を見る「みたま」を与えられている意だと思います。底の底とは、いよいよの時に開く「みたま」のことでしょう。みたまが能いてこそ暗闇の世を生きられる。だから「みたまが能かない」と意味が無い。みたまが能くためには、みたまが丸く成るように欲と我を取る「お行」が大切です。

林　そうですか。以下、お仕込みを紹介します。

○この道は、筋目正しい……筋目通りだから……理屈無しに信じ切るんです。

○あんたさんは、身の内に「でっかいものが　おわすわな」（五〇・六・二）

○大義に生きる……（だから）一切合切　天にお任せ（して生きる）（五一・四・一三）

○この道がある限り国が助かる……貴方は、理であって法です。

○**みたまそのものです**。（五二・四・一二）

島田惣太郎さんが、飛んできて「みたまそのもの」と言われた方は未だ二〜三人ですよと、知らせてくれました。この時はその深い意味が分かりませんでしたが、これ以後「みたまから浮かんだ通りに実行する」と、上手くいくようになりました。

○**（人には）都合の良い事と悪い事がある。自分に向くものと向かないものがある。**（五四・

三・一三）
○人さんを見たら一言　理を言いたくなるだろう……その時には「一寸失礼」と、言ってから理を伝える（五四・八・六）
○日本は　表向きは　高々知れている……だけど　深い深い底がある。（五四・八・二四）
○これからの世は　もっとひどくなる。（やがて越すに越せない日を通る）暗闇です。（……理から外れた業の者は、身上、事情で知らせる。その後、天のフルイにかけられ滅するであろう）　誠の民だけが生き残り国替えに至る。（五四・一〇・四）

内藤　向くものと向かないものがあるから、人は一人の力では不十分であるから、一〇人位の組を作る。そして、一〇人で「理と法の能く束《たば》に成る」必要がある、のだと思います。

林　どうしても高い理を若いのに知っている、と高飛車になりがちです。そこで「ちょっと　しつれいですが」と下座する事を教えられました。

二　みたまからの指図で行動する

林　次のようなお仕込みを戴いてからは、みたま通りに実行しました。

○これからは　みたまさんに（直接）教えてもらいなさい（五六・六・一一）
○五人の先祖が背中にへばって（加勢して）おります。（五七・三・八）
○ぽっ　ぽっ　お腹（みたま）から指図があります。（五八・三・八）

内藤　貴方は、頭からでなく「みたまから指図される」人間と成りつつある訳ですね。これが、道の理想です。多くの方は、理の研究に入ってしまいました。

林　私は、人に頼まれたら直ぐ実行する事にしております。浮かんだらどんなに金がかかろうと実行します。

内藤　後述するように、林さんは人を助けるために、頼まれれば沖縄にまで同行する方です。この実行力が周囲の方々の信頼を得ていますね。国会議員からヤクザ、宮様に至るまでファンが多様で多数ですね。毎週火曜日の夜の練り合いもファンが二〇～三〇人位集いますね。衆議院会館でも政治家、秘書らを二〇～三〇人集めて練り合いをしております。この会が、世直り國替えの直前になったら大きく活きてくるでしょう。

林　次のような天命を戴いております。
○……陰氣では　みたまが眠ってしまう。すべて陽氣に対応せよ（六〇・一・二〇）
○本当の世（みたまと理の世の建設）に向けて　身を果たせ（六〇・六・七）

与えられた苦難は、**人を磨く為の天の試練であり、己の業を取る過程と思い、陽氣に対応するように心がけております。**

内藤　私の最後のお仕込みは、「……この道の本願は　世直り国替えです……」（一・一〇・一）と言うものでした。

三　五百人を案内する

林　我々は、本当の世、世直り國替えに向けて努力せねばなりません。そのためには、三〇〇〇人の誠の男を集め、一〇〇〇人を鍛えなければなりませんでした。おやかた様は、この男たちのみたまを磨いて、世直りの要人とする計画でした。ところが、数、粒が揃いませんでした。

「……（世直り国替えの）建前棟梁《たてまえとうりょう》は　やかたのはずでした。ところが、「天意現成」に代えました。（その訳は）この女に対する（一〇〇〇人の男の）数が足りないからどうしようもない。……刻々　我が身が刻まれる……刻々、千の思いがする。これでは、棟梁に成りえんわなあ……道の者とは　間があわん。こうなっちゃって　ふしあわせ　ふしあわせ……これで（私の使命

は）終わりました……現実は酷なり。」（根三六号二二頁）

内藤　一〇〇〇人の男に期待するのでなく、天意現成に代えざるを得ませんでした。つまり「天変《てんぺん》地異《ちい》」による世直りに代えたのだ、と推測します。

多くの道友は、一人の人も繋《つなげ》げない有様です。みたまは見えませんから、他人に話す事は難しいです。建て替わった、その人を信じて貰うしかありません。後から分かった事ですが、古参のKやBの態度を知ると粒が揃わなかった、と思わざるを得ません。人に頼るのではなく、天つまり大自然の意に従って、世直り國替えが成されるのだと思います。多くの人は、間が会いませんでした。天意が分からないからでしょう。しかし、林さんは多くの人を繋いできました。その一部を紹介して下さい。みたまが能いているから可能であった、と思います。

林　一〇年前の数で約五〇〇人を一日研修に案内しました。その内七七人を道に繋ぎました。私は、国会議員や宮様、霊能者、ヤクザ、共産党から右翼《うよく》も日本人ですから縁のある者を場に案内しました。

K組長を一日研修に案内した事がありました。場で一緒に風呂に入り、唐獅子牡丹が背中に浮かびました。島津幸十郎が、親分の背をポンと叩き「兄さん、カッコイイネ！」と一言声をかけ風呂場に「なごやかさ」が生まれました。この道友の一言が人を生かしました。

その後、組長を三日研修に案内しました。行く日を数か月後の×月×日と決めました。ある日、彼が相談に来ました。その日は、自分の経営する建築会社の建て前の日と重なってしまったので変更できないか？と言うものでした。私は「天との約束だから出来ない……建て前の日を変更したら」と助言する。組長「分かりました」と即答した。×月×日に彼は、研修に林と共に参加しました。建て前には、二〇〇人近い人が集まり組長（主人）不在のまま挙行された事を私は、後で知りました。彼は私との約束を優先した。つまり天との約束を守ったのです。この実行によりヤクザから「**誠の人に成った**」**のです**。約束も理も実行してこそ天に信用されます。**誠は人を測る「天のモノサシ」ですよ**。

平成十年八月　福島は台風の直撃に遭いました。洪水で釣り堀の池と堤防は崩れてしまいました。魚は川に大部分（約四〇〇〇万匹）が逃げてしまいました。魚だけで約三億、建物は一億、損害総額は約四億円に及びました。この時一番早く手伝いに来てくれたのは、D組の若い衆でした。彼らは、直ぐ堤防の修復作業を援助してくれました。世間ではヤクザと言いますが、情も誠も義侠心もあるのです。更に、縁者が、次から次へと一千万単位で資金を提供してくれて再建が出来ました。……金は、必要に応じて天が回すのだと思いましたよ。

あたらしい道の目指しているものは、情と誠、義の世界です。これは、実行により理が活きる世界です。つまり**「理即天　天即理」なのです。理を実行せねば単なる文字ですよ。**

四　理と法が能く

内藤　沖縄の聖人について教えて下さい。

林　沖縄のユタ神様を道に案内した事がありました。おやかた様は「……沖縄は……世直り国替えの時……御用があります」と、ご明断の最後に言われました。沖縄から十名の方を道に案内しました。それぞれ特徴があり、人のお役に立つ方々です。Qさんは、おやかた様のように「みたま」が能いているのだと思います。人と面談して目を見て憑き物を見抜き、これを取ります。例えば、R子さんは、高校一年生に成ったころから美容が気に成り始めました。彼女は、小学時代はバレリーナを目指しておりました。中学時代はテニス部の部長を務め、元気な学生生活をしておりました。当時、推定身長一六五㎝、六〇kg位（？）の体重があったと推定します。ところが、高校に入るや、友達とスリムになるグループに入りました。弁当のご飯は、太るから食べない。野菜と少しのオカズで過ごす生活を数か月送りました。ある日、階段にうずくまっているR子を教師が見つけました。そして事情を聴き体重を測りました。その時は、二八kg位でした。これを切ると命が危ういという事でした。直ぐ病院に入院しました。これは、若い子に多い摂食障害と言う病だそうです。一回目は、一カ月ほどで退院して四〇kgに成りましたが、心が完治した訳ではありません。それから一年後、再び入院しました。その後大学に入学しました。しかし食べる物は、野菜、ササミ、モヤシ、芋といった編食でした。体力は弱まり、心は陰に陥り、乙女の陽気さはありません。二カ月に一度、プロのカンセラーに面談（一回二万円）して気分を変えてきましたが効果はありません。大学も四年生となり将来が不安に成ってきました。就職の説明を受ける内に、私のような者は世の役に立たないと思うようになりました。そこで平成五年七月一三日、私と沖縄の聖者に面接しました。この方と約四〇分面談している間にR子から微笑みが生まれるように成りました。話の終わりに「**お父さん、お母さんの言う事は、素直に聞く**」、「**何事にも感謝ね**」と言うお言葉（理）を戴きました。面談中、聖者の指は常に動き何かを引き出しているようでした。（林氏によると動物霊を取っているようだとの由）その夜、沖縄料理を戴きました。海ぶどう、ニガウリ、ソウキ、ミミガー、刺身、魚のカラアゲ、地豆豆腐、豚足等全て美味しく食べました。

内藤　帰京後、「……聖者もさることながら、他人の為に沖縄まで三日間付き添ってくれたご夫妻の行動に驚嘆した」というのが、彼女の感想でした。人の為に身も心も金（一人約一五万円）も捧げる方に初めて会ったとの由。このように**理は行動に移されて始めて理と法に成り「しあわせ」を創るのだと、悟りました。**

林　この聖者は、逆子で苦しむ妊婦を助けました。逆子のままでは、帝王切開をするしかないという状態でした。聖者は、それを「……の法」により正常に治しました。その逆子が、腹の中から早く外に出たいと聖者に訴えたそうです。そこで、妊婦と相談し腹の子の希望通りにしました。数日後、元気な子が生まれました。

元通産大臣や「たちあがれ日本」代表の平沼赳夫代議士が、ある時、声がガラガラに成ってしまいました。政治家は声で政策を訴えます。声が悪いと響きが悪く、国民に響きません。そこで平沼家を訪ね、その声を治さないと政治活動は上手くいきません。是非、沖縄の聖人に会い治して下さいと、強引に沖縄へお連れしました。最初は、秘書達が嫌がりました。私は、真剣に強引に、お誘いし連れて行きました。そして聖人と数分の面談で「ガラガラ」の声が段々治ってきました。その後は、私の主催する月一度の「議員会館」の練り合いにも参加するようになりました。現在も和田政宗参議員、杉田水脈衆議員らを囲んで毎月練り合いをしております。令和五年八月で二〇七回になりました。

私の会社で働く奥さんで「癲癇《てんかん》」の子を持っている方が居る事を知りました。早速、聖人と会う機会を作りました。約一時間、面談する内に「癲癇」の元を取ってもらいました。十年以上の宿病が一時間の面談で消えました。憑き物が取れたのだと思います。

内藤　先日、Yさんが、息子の結婚で相談に行きましたね。

林　四三才に成る長男が未だ結婚する気が無く困っている。父が、結婚を急ぐように意見をしたら「結婚は本人の自由だ。親も干渉しないでくれ！」と言い返したとの由。そこでYさんは「バカ言うな、お前が結婚しなければ、Y家のお家の断絶、更に國の衰退にも関わってくるのだ」と叱ったそうです。息子は、奄美大島で自然保安林の仕事をしておりました。そこで島の聖人に会う為に一緒に相談に行きました。その聖者に会うなり「Yさん、貴方は一〇〇才まで生きますよ」と、言われ元気に成りました。更に、何かお悩みがあるのですか？　と聖者が問いました。Yさんは、息子の件を述べました。すると聖者は、じっと息子の眼を見て「……結婚は、来年中に決まります」と断言され、親子が共に喜びました。私も決まると思います。聖者もさることながら、父が九〇才の身で飛行場に現れた時点で、息子は結婚を決意したようでした。同行したかいがありました。

内藤　ここが、林さんの御徳です。他人の結婚の相談の為に約一〇万円の費用をかけても同行してあげる。あたかも、川で溺れている人に対して自分も水中に飛び込み水中で活を得る。橋の上で無事を祈っても人は助かりません。共に水中に在って法が授かる。その氣に天が乗る。更にY家の先祖も加勢するのだと思います。「……**自分さて置き　人さんを……**」ですね。

林　このような話は、どれも常識、科学、医学を超えた世界です。おやかた様が、お元気な時は、このような身上、事情は、直接助けて頂きました。現在は、天の仕回しで聖者とお会いし助けてもらう仕組みを作りました。道友は「**理を通った者でないと法はやれぬ**」（『矛盾を超えて』六九〇頁）と教えられているように日々、理を実行して法を得ねばなりません。その間、このような聖者の法も借りて**暗闇の世を**生き延びねばなりませんよ。

五　桃源郷《とうげんきょう》を創る……花野華《はなやか》・五〇haで約四二五tのCO_2を吸収……

内藤　ところで、ヤマメやマスの養魚場を創ろうと思われた切っ掛けはなんですか？

林　私は、大学を卒業して直ぐワシントン大学に留学しました。そこで魚のふ化技術を学びました。父の時代は、マスの養殖が主でした。

昭和四〇年代の福島は、パチンコが娯楽の中心でした。タバコを吸いながら、煙でもうもうのパチンコ屋でギャンブルに耽《ふけ》るのは、あまりにも不健康だと思いました。パチンコは、儲かるようでも必ず損する仕組みに成っております。若人がこのような不健康な場で青春を過ごすのは良く無いと言う思いが強くなり「スポーツ・フィッシング」場を経営する事にしました。大きなプールに清流を流しマスやヤマメを放す。なるべく自然の状態に近いような池としました。釣って家に持ち帰り料理するのも可です。釣った魚を放すのも可です。池の畔にレストランを建てました。釣りに疲れたらレストランで食事をしたりコーヒー飲んで寛ぐ設備を作りました。近辺の人々が、来てくれています。

内藤　池の畔に居るだけで癒《いや》されますよ。清流には、カワセミやトンビまでが訪れます。春先には、鶯が鳴き桃源郷のような所ですね。精神に疲れた人々が、釣り糸を清流に垂れているだけで心が洗われるような気がします。もうもうと煙の立ち上る喧噪のパチンコ屋とは、雲泥の差です。自然の摂理の下で健康的に遊ぶ、良いレジャーシステムを作られました。

林　全国で七カ所作りました。福島二カ所、蔵王、神奈川、愛知、鳥取等です。現在は、台湾にも作ろうと計画中です。更に池の周りは、雑木林である事に気づきました。しかも手入れのされてない森林が多いのです。そこでこの山林を日本一の花の園に代えようと計画しました。「花野華《はなやか》」と名付けました。最初は、池の周りが中心でしたが、この案に賛成の方が次々に現れ山林を無料

図 11-1　福島・西郷村の池と桃源郷の遠景
花野華 50ha では、花と小鳥と蝶と魚が遊ぶ。約 400t の CO_2 を吸収し酸素を供給する。

で提供してくれるのです。現在では、約五〇haの里山に、さくら、つつじ、さるすべり、蠟梅、ボケ、椿、あじさい、桜の花が咲き、平地には、スイセンの白、菜の花の黄等に織りなされております。西白河郡西郷村の那須白河フォレストスプリングスの隣です。（図11－1参照）

内藤　畑や山林を潰してゴルフ場にするよりも遥かに土地利用がスマートですね。市民の心が豊かに成るでしょう。マスやイワナを釣る。四方山々の花々を愛でながら鶯の音を楽しむ。時に、カワセミや目白が訪れその美を競っております。単なる雑木林が林さんの理想によって花園に代わった、と言う感じですね。今に、東京より西郷村に住みたい、と言う人が増えるでしょう。ここには、理があって魚、様々な木、花、綺麗な空気、小鳥が舞い遊ぶ桃源郷のようです。

林　更に将来の食料危機に備えて「モミ米四〇〇俵」と衣類を貯蓄しております。

内藤　それは、卓見です。現在の我が国の食料自給率は、実質三〇％位でしょう。異常気象が農業生産を凶作に導く日も近いと思います。その為には、貯蓄も大切ですが、いざと成ったら大勢の人が押し寄せ直ぐ食い潰すでしょう。そこで庭の在る家庭は、五坪ほどの家庭菜園を勧めます。この位だと生ごみで堆肥が作れます。一家三人位なら野菜、果実、ポテト等を十分自給する事が出来るでしょう。ロシア人は、伝統的に政府を信用しません。そこで庶民は、自分で自給菜園（ダーチャ）を自分自身で栽培しております。今でもモスクワ住民の多くが、野菜の約八〇％、ポテトの約九〇％を自給しております。

林　成程。各自が野菜と芋を自給できれば、魚は私の池で得られますから、ほとんどの食糧が担保できますね。

内藤　将来の産業は、車や航空産業では無く「農林業が生存の基礎」に置かれると思います。現在は、地球沸騰化時代です。もはや一ｇのCO_2も出せない時代と成りましょう。他方、山林一haの杉山は、一年で八・八ｔのCO_2を吸収します。(注一)日本の山林が吸収する年間の量は約六億八〇〇万ｔと推計されております。(注二)この部分は、経済学と市場が見落としてきたものですが、生きるためには欠く事の出来ないものです。今後の日本は、この産業を見直し再構築する必要があります。

林　池の魚が蛋白質を供給して、山林と花々がCO_2を吸収し酸素を生産する事に成りますね。これが、はなやか（花野華）の面積五〇haで、単純計算すれば、約四二五ｔのCO_2を吸収する計算に成ります。

内藤　これが、正に自然の摂理下に於ける「命の里の再建」です。これは、最高の温暖化対策ですよ。しあわせは、まさにCO_2対策からです。（終）

注一　林野庁の計算による。

注二　『森とCO_2の経済学』三橋規宏著　ＰＨＰ研究所による一九七七年、二一五頁

第十二章

二酸化炭素本位制下の「しあわせ」

東京・内藤　勝

要約

今までは、化石燃料、特にガソリンや石炭を勝手に消費し二酸化炭素を大気中に勝手に排出して来た。しかし今後は、それが出来ない時代となった。炭素予算は、後、数年で尽きるであろう。これ以上、地球温暖化効果ガスを排出すると人類の命自体が危うくなる。地球沸騰化時代に突入してしまった。

全ての価値観が変わったのである。人は、金儲けで無く自然に順応して生きなければならない。「理が立って身がたつ」のである。

一　貧幸は　自然の成り行き

戦後、物的に豊かに成ることは、幸福に成ることであると信じて来た。特に昭和三〇年代の高度経済成長政策以後、物金を求めて一億二〇〇〇万人が驀進してきた。しかし、その豊かさの追求には限界が在った。先ず、鉱物資源の枯渇と自然の破壊である。特に二酸化炭素の排出から生じる地球の温暖化、沸騰化等の異常気象の発生は人類の最大の危機である。今後、全世界でCO_2を排出できる許容量は、一〇〇〇Ｇｔ位と、パリ協定（二〇一五）で予測された。この限界の中で人が選べる生活は、倉本聰が言うように貧幸という事であろう。高エントロピー（エネルギーの汚れ）の生活は、許されない時代が来たのだ。

二　祖父と赤子の命

明治三七年生まれの私の母から聞いた話である。母の父は、下総町小野という集落に生まれた。明治一五年ごろの事であろう。祖父の下に妹が生まれた。上に兄が居り、三番目の子は育てられないから間引きという事になったという。赤子は、籠に入れられ廊下の隅に置かれていた。ある日、親類の主婦が偶然この家を訪れた。泣いている赤子に自分の乳を与えた。そこへ家人が農作業から帰りその場を見た。祖父一三才、兄一五才の時である。祖父は、何とかこの子を皆で育てようと両親に懇願した。そして、水田約一・五町歩、畑三反歩の耕作に加えて兄弟は働いた。早朝に水田や小川でドジョウ、シジミ等を取る。秋、冬は山野で山栗、自然薯を採り炭焼きをし金を得た。親類の援助もあり助けられた。赤子の命は、一家の食料の量によって決められた。換言すれば「自然の摂理に人の命も合わせねばならない」という生物界の原則でもある。この原則は一国に於いても当てはまるであろう。

昭和一一年、日本の人口は、約七〇〇〇万人であった。農地は田畑合わせて約六〇〇〇万町歩であった。その上、軍隊の存在が重くのしかかっていた。国民は、喰うのが精一杯の生活であった。いや喰えないから満州にニューフロンティアを求め進出した。しかし、そこは無人の荒野ではなく中国の領土であった。やがて、昭和二〇年の敗戦により高い代償を支払って退散する事になった。二〇二〇年のカロリーベースでの食料供給量は、三八％に過ぎない。簡単に言えば、車やスマホ等を売って外国から食料を購入すると言う構造である。それを二酸化炭素本位視点から分析すると、化石燃料を消費しCO_2を排出して、自然界の動植物の命を削り、自然を汚染しながらの経済行動である。その代価としてドル紙幣（虚）を得る。現実は、利益の全額を得られずドル紙幣と言う名の米国債を得たのである。利益は、帳簿の上にだけ記載されたものである。他方、無料の太陽と無料の雨を作物が受け取り圃場の上で実りが生まれる。米、野菜、果実等の作物（実）は、人の命を支えながら酸素を生産し二酸化炭素を吸収する。経済学は、これを見落としてしまった。

三　幸福と「しあわせ」は異なる

物金があったら幸福である。経済成長が幸福をもたらす。欲望がかなえば幸福である、このような論が、戦後にはびこってしまった。多くの人は、衣食住が満たされたら物的には「これで良し」と悟るのが精神文化なのであろう。道では、人には、見えない「分《ぶん》」と言うものがあると教える。一合桝《ごうます》の器で一斗の米を得たいと願っても、一合桝には一斗の米も金も入らない。仮に一斗桝《とます》の男が、それなりの大金を得ても「しあわせ」に成るとは限らない。金があるために美食に走り肥満、糖尿病を呼び寄せることもある。高級車に乗り快適なドライブを楽しんでいる内に追突されることもある。富者と思われ強盗に遭う事もあろう。確実な事は、高級車や美食が高エントロピー生活の姿であり、CO_2を排出し子や孫の命をけずる行動である事である。

自由市場や民主主義制度は、欲望実現のためのシステムでもある。先述した糸川の指摘にあるように、生活の必需品の安定よりも目先のスポーツカーやゴルフに目が行く。野菜の安定よりもルイ・ビトンのバックやシャネルを愛する。二酸化炭素と言う基準の無い時代は、出鱈目が横行する。コシヒカリよりのシャネルの五番を尊ぶ。

無限の欲望を実現するために①お金、②資源、③自然が必要である。お金は、百ドル札であれ、壱万円札であれ、原価一〇円で印刷し、政府は適当に配分している。極端に言えば、これは国が認めた紙札（虚）に過ぎない。令和四（二〇二二）年一一月、ドルがあっても天然ガスが買えない。ロシアが売らないからである。米国の穀物も将来どうなるか分からない。既に、地下水が枯渇し始めているからである。中国山東省からニンニクや玉ねぎ等が日本に輸入されている。しかし、黄河の断流（枯れ川）は約七〇〇㎞に及び、この地域は水不足から凶作と成る危険性がある。紙幣があっても、食料や燃料が買えなくなる危険性は大である。

現代経済学からは、将来は判断できない。資源は有限である。自然は、政府でも動かせない。これに従うしかない。最近の異常気象は、自然を破壊する人に対する天の警告、と悟るべきであろう。

幸福は、紙幣では買えない。いや、元々、この世に「幸福」と言う実態は、無かったのである。「幸福」と言う漢字は中国から来た。しあわせを幸福と言う漢字に当てはめてしまった。そのため、戦後の日本人は、幻を追いかけてしまった。レターを手紙と書く。中国語の手紙の意味は「トイレット・ペーパー」である。同じ手紙でもラブレターとトレペでは、中身が違うのである。

四 「しあわせ」の真意

晴れた日は幸福だ、雨ならばアンラッキーだ。春の麗らかな日は幸福だ、寒い日は嫌だ。しかし、晴と雨、暖と寒、富と貧、勝と負、健と病、苦と楽……この世の全ては「仕合わさっている」。空腹と満腹は一体である。食を美味しく戴くためには、腹ペコが在って食べる喜びがある。両者を戴いて「しあわせ」なのだ、と教えられている。一方的な幸福なぞ、この世に無かった。

昭和二七年以降、化石燃料を大量に消費し高度経済成長による幸福を求めた。その結果は、大量の廃ガスを出し自然の破壊、地球沸騰化となり、自然界の動植物と人類の命の危機の発生であった。二酸化炭素本位制の時代は、価値観を変えねばならない。今までの「欲望の放任」から自然の摂理に従う生活に変えねばならない。自然には限界がある事を悟る時代になった。

五　野菜生産は　文化（Culture）の香りがする

人は、秋に収穫の喜びを得るために冬に耕す（Cultivate）。**文化（Culture）とは「汗して耕し稔を楽しむ」のが語源である。**現代人は、耕す事が少ないので収穫の喜びが無い。私は、庭に二坪ほどの畑を耕し、年間二〇種ほどの野菜を収穫する（図12-1）。更に空地には、ユズ、キンカン、柿、梅、ブドウ、ビワ、夏ミカン、山桃、グミを植えている。初夏のブドウは、二階まで葉を伸ばし緑のカーテンを作る。日陰には、ミョウガ、フキ、ミツバ、ニラ等を栽培する。生ゴミは落葉、糠と混ぜ堆肥にする。余った野菜は近所に配分する。秋には、熟柿を求めて目白、尾長が舞う。花鳥風月の世界のようだ。春先にフキを隣りにあげたところ「煮つけ」として返礼された。四月下旬にミョウガを配分したところ、江戸っ子より「早稲田ミョウガ料理」（茎を刻み鰹節をかけて食べると絶品の味と

図12-1　練馬の家庭菜園　２坪の畑が年間20種の野菜を生産し酸素も供給する。

なる）として返礼された。夏ミカンや梅を配分すると、手づくり味噌や甘酒、ジャムや梅酒、クッキーとして帰還する場合もある。近所の子に竹ノコ掘り、梅、柿採りを勧め収穫の喜びを共有する。雨水は、マスを作り大地に返し井戸水として利用する。夏は行水に使い、クーラーは不要である。屋根には、大型の温水器を設置し風呂と洗い物に使用する。十坪足らずの庭と畑を耕すことで心の交流を享受している。

六　ダーチャと低エントロピー社会の建設

自給体制を創造した例がある。市民が、屋敷の一部（約一五〇坪）を耕し菜園とした。これが、一家庭が生きていける規模だとガイドが言う。

旧ソ連の計画経済は、コルホーズ、ソホーズという大型共同機械化農業を設立した。ここで、小麦、コーン、大豆等が生産された。しかし、効率の悪い制度であった。特に、野菜類のような新鮮さを要する物は、生産も分配も不適であった。そこで市民は、自衛のために屋敷の付属地を菜園として耕したのである。これをロシア語でダーチャと呼ぶ。野菜、ポテト、玉ねぎ、イチジク、ラズベリー等の果実を自給した。利己心を否定する社会主義体制下にあっても「一家の野菜、果実は自分で生産する」体制が市民の工夫で創造された。一九八〇年にモスクワのガイドに聞いた話であるが、宅地の無い市民は、郊外の土地を耕しポテト、野菜類を生産し自給した。農地に小屋を建て休日や夏休みには、一家で小屋に泊まり農作業をする。余剰の農産物は、市場に出すのだという。社会主義計画経済の下でも「闇市」が成立していた。最近（二〇二二年）の森翔吾の報告(注一)によるとダーチャは、更に発展して別荘付農園という形で市民の間に根づき、都市人の約七〇%がこの生産に参加しているという。市はバス網を巡らし農作業を援助している。市民は政府を信じていない。一九九一年のソ連崩壊、二〇二二年ウクライナ侵攻による世界からの経済封鎖に対しても、市民はダーチャにより飢えを凌いでいる。この国は、エネルギーと食料が自給できるので強い。現在では、ロシア人の多数が家庭菜園を実践しジャガイモの九二%、果実の八七%、野菜七七%、肉六〇%、ミルク四九%を賄っている。(注二)これが、「実《じつ》の経済」と言えよう。

他方、日本は、ドル紙幣や一万円紙幣を保有している。しかし、これは、紙幣であり紙であり、常に動く「虚《きょ》の経済」ともいえよう。この紙幣で常に石油や食料が買えるとは限らない。未来永劫、石油を消費しCO_2を排出しながら他国から食料を買える筈もない。

日本のフード・マイレージ(注三)は、一万五〇〇〇kt（二〇〇七）である。そこで費やしたCO_2は、一六九〇万tと推計される。(注三)この何割かは、国内で生産可能なものである。我が国で生産可能な米、野菜、果実を食べず、一六九〇万tのCO_2を出し他国の穀物や果実を輸入して生きてきた。小麦やレモンを輸入する際に農薬を散布する。例えば、小麦を米国から輸入をするとコクゾウ虫が発生する。そこで殺虫剤を船の船底で小麦に散布する。これを日本で製粉するが、粉にグリホサートの残留が発見された。ヤマザキダブルソフトからは、〇・一ppm検出されている。(注四)政府は、このような農薬の毒性を明らかにすべきである。発癌性、催奇性、肝臓障害等の薬害を明記すべきである。因みに国内産の小麦粉や果物からは、このような残留農薬は検出されない。レモンやオレンジには、防カビ剤（OPP）が散布され、それが各地で検出されている。このように他国から食料を輸入する際には、農毒を体内に摂取することになる。農産物の輸入自由化の際には、この毒性を明記して市場に委ねるべきであろう。

七　スマホの製造には　二つの負が伴う……その負の増大は、人類の危機とかかわっている……

話は飛ぶが、私は野菜生産をしている内に経済学の不備に気づいた。この学問は、大根やスマホを作る事を同じ「**生産**」という語を使用する。野菜は、太陽と雨と農地+労働で生産される。スマホは、有限な資源を消費し排ガスを出す。これは「**二つの負を伴う製造**」と定義されるべきものである。更に市場に出された大根とスマホは、価格を付けられ商品の中身（自然界における価値）が分からなくなる。いつの間にか二重の負は忘れてしまい、価格や利潤だけが尺度と成った。人が、気づく時は、命が危うくなった時であろう。スマホに限らず工業は、エントロピーの法則に支配され二つの負を克服できない。故に、**人は、自然の摂理に従い、倉本總が言われる「貧幸の時代」に成るのであろう。これは、貧と言うより「足るを、喜ぶ」が適語である。**禅僧の生活は、質素であるが、貧しいと言う雰囲気はない。幕末の吉田松陰や西郷吉之助等の生活も質素であったが凛としていた。今後、二酸化炭素本位制の時代は、心の豊かさが見直され「足るを知る生活」に帰ることを示していた。これを万民が、実践せねばならない時代が来た。天意現成によって質素な生活に導かれるであろう。人の頭では、質素な生活が選べない。天変地異によって自然に順応した國に導かれるのであろう。これが世直りである。

蛇足であるが、CO_2を大量に排出する産業は、ここ数年で激減する。車の五倍も排出する航空機の国内線は、鉄道に代わるであろう。

令和五年は、地球沸騰化の夏であった。米は、高温のため凶作と成った。更に米の自由化によりその暴落が加わった。酪農も輸入飼料の高騰により家畜農家が激減した。その結果、日本農業が崩壊の危機に追い込まれた。車やテレビを輸出し農産物を輸入すると言う合理主義が破綻した。生きるだけで精一杯と言う環境に追い込まれるであろう。

やがてどん底です。人類の底をつくまでにあれも駄目、一切合切が駄目になるであろう。

高エントロピー産業が行き詰まり、「生きるために農林業」を土台とする國創りが求められるようになるであろう。

イスラエル建国の父の、次の言葉は、我が国に頂門の一針と成る。

「……ユダヤ人は二千年に及ぶ流浪の末、農業との絆を切ってしまった。……ユダヤ人の活動は不健康に偏り、時には精神の発達にも有害となった。資本主義が発達し商業が盛んになると彼らは都市に集中した。その結果、他民族との摩擦が大きくなった。（特にユダヤ人は、高利貸、質屋、今のサラ金、博打のような闇商売に偏った、と高木友三郎博士(注五)からお聞きした事がある。先生は一九三〇年ベルリン大学に留学されていたから彼らの薄情な生き方を目撃していた。その犠牲者はドイツ人であった。このような背景からヒットラーが、反ユダヤ主義を掲げて登場した）……ユダヤ人は、絞殺の危機に直面している。生き残るチャンスを探さねばならない。今や大地に帰らねば成らない時だ。耕す手に祝福を送ろう。人間を素性では無く勤勉の度合いよって判断する農に帰らねばならない。かつて農民から商人に変身したように、今や農耕に戻らねばならない(注六)」。

この商人を高エントロピー産業に例えても良い。これ等は、CO_2を大量に排出し全人類を「地球沸騰化の地獄」に追いやろうとしている。やがて大都市は、四〇、四一、四二、四三、四四℃……と沸騰化する日が来るであろう。その時、「……えらいこっちゃ、」と、國民は慌てる日が来る。

他方、農の価値は、麦畑が教えてくれる。一haの麦畑は、四tの実を生産し人の命を支えて来た。更にCO_2を一五t吸収し一〇tの酸素を放出し全生物の命を支えている（内嶋善兵の推計による）。シュマッハーは「…極論すれば、工業が無くても生きられるが、農業が無ければ生きていくことが出来ない」と。(注七)

故に今後の國創りは、農林業を土台にしたものに成るであろう。

地球沸騰化の時代、高エントロピー産業は、一gのCO_2を吸収する事が出来ない。一gの酸素（O_2）を放出する事も出来ないから、その存在が再検討されるであろう。

あたらしい道では「何れ、三度三度、ご飯が戴けるだけで有難い時代に成る」と天からの予告を戴いている。金の世から「息を一つを喜ぶ」時代に成る。超質素な世でも親子、夫婦、兄弟、隣人の間に情があり誠があれば、弥勒の世に成る、これが、世直りである、と教えられております。

（令和四年・文藝春秋・五月号「貧幸時代」係投稿　倉本聰選考）

やがて明治の御代のような　臥薪嘗胆《がしんしょうたん》の世が来ます

根一〇号七四頁

注一　これがロシアのダーチャだ」森 翔吾編　ＹｏｕＴｕｂｅ２０２０ 11月16日

注二　『ユダヤ人は　何故國を創ったか』レオ・ピンスケル演説　サイマル出版会　一九七三年　九〇頁

注三　中田哲也稿・二〇〇一年度の推計である。
フードマイレージ『食べ方で地球が変わる』山下惣一ら編創森社　三七頁。尚、その二〇二二年度の一人当たり年間CO_2排出量は一三〇kg、國全体では年間一億六千九百万tに上る。(農水省の推計)

注四　農民食品分析センター調べ

注五　高木友三郎（元日大教授）は、鹿島守之助（元鹿島建設会長）や森戸辰雄（元文部大臣）と一緒にベルリン大学に留学されていた。一九三〇年代のユダヤ人の蛮行を目撃された。一国が、自然摂理下で生きると言う生業を忘れると自然順応、勤勉、謙虚といった「天の決め」を忘れ、安易な商売に走るようになる。金のために何でもする態度は、現代の我が国の財界人も似ている。尚、高木友三郎の主著は『文化哲学と経済哲学』東洋経済新報社　一九六〇年

注六　注二に同じ

注七　『人間復興の経済学』シュマッハー著・斎藤志郎訳、祐学社　一九七六年　八〇頁

補論一

天人・松木草垣女史（一九〇一～一九九八）の日常を語る

大阪・松木　天村

要約

あたらしい道の教え主である松木草垣女史を天、天人、創造主神の「みたま」を持つ方、おやかた様と、吾々道友はお呼びする。吾々の常識では、分からないことが多いお方である。そこで夫の松木天村先生の紹介文を転載する。それに加えて、道の「お行」である「紫の間」、「松の間」を具体的に述べて理解に供したい。

松の間は、おやかた様と直接対話して昼の理、母の理を戴く場である。

紫の間は、天が直接に能く場である。夜の理、父の理を戴く場である。

あたらしい道の教え主《おしぬし》（松木草垣《まつきそうえん》）を天人とか、天とか、創造主神とか、おやかた様と私達道友《どうゆう》はお呼びする。それは近寄り難い印象を与える。そこで、夫君の松木天村氏が書かれた「天人女史の日常を語る」（昭和四七年）の一文から抜き書きを掲げる。更に、道友のお行の場である「紫の間」「松の間」を具体的に説明し、理解に供したい。

女史は、冬は八時、夏は七時に起床する。朝食は味噌汁と海苔ぐらいで茶碗に軽く一杯戴くのが常である。食事がすむと、鏡台に向かい櫛けづりをされる。女性としての見出しなみは、今も昔もかわりない。おしろいや紅は使った事は無い。パーマをかけたり髪を結ってもらうことも無い。

午前中は、どなたにもお会いしない。朝食がすむと新聞をとって目を通す。それも大見出しを拾い読みする程度である。その他、雑誌や本を読む事は稀である。

家族団らんといっても、私と娘と三人きりである。お茶は、やかたが薄茶を自分でたてる。時には、娘の好むコーヒーや紅茶の場合もある。

明断者のある場合は、午前中それを優先する。それが無い日は、場の周囲を散歩する。早春の頃などは溜池のほとりの小路でスミレやタンポポの花を見つけると大声で誰かを呼んで喜ぶ。彼女の姿は、まるで娘の頃と同じである。

大輪のバラの花が雨に打たれていると、「ああ可哀そう」と、ハサミを手にして庭に出て枝を摘んで一輪ざしに生けて楽しむ。

彼女は、若いころから可憐な草花を愛する。ベランダには鉢植え、床の間の花器は、いつも生き生きとしている。庭には四季とりどりの花が咲いている。ことに夏の朝顔の花をよろこぶ。今朝は紫の花がいくつ咲いた、赤がいくつ咲いた……毎朝、咲く花の数を丹念に数えて楽しむ。彼女は無邪気な子供であり、今も昔と少しも変わる事がない。昼間もじっとしていない。毛糸の編み物か手先の仕事をするのが彼女の習慣である。鼻紙は、一度使用しても捨てずに、右から左のポケットに入れ、乾いた頃再度使用する。超質素な生活である。

往年、彼女は幼稚園の経営（昭和八年）をやめてから　お茶、お花、書道、南画の稽古に一〇年ほど熱心に通い続けた。自分は身体が弱く世間の奥さんのように働きが出来ない。せめて好きな道に励んで、老後は若い娘さんのよき相手と成って暮らしたいと、自分の身に着けるものを節約し物見遊山の費用などを節約して、好きな道に精進してきたのである。こうしたことが、彼女の品性を作り上げた。

紫の間に座る時は、まるで別人と成る。

夜の「紫の間」は、天人として座につかれる。「**天は、人を以て理を言わしむ**」。彼女の本領を発揮する厳粛な時である。どんなに寒い冬でも、どんなに暑い夏でも又熱があっても、どんなに苦しくとも、大阪の阿倍野時代から羽曳野に遷座してからも休んだ事がない。
毎夜九時から約一時間の「紫の間」は天、又は、天人として本領が発揮される。
天来《てんらい》からの妙音（理）は、懇々《こんこん》として泉が湧き出るようである。厳父が子に対する厳しい示しの時がある。あるいは、慈母の子に対する温情のさとしがある。つきせぬ高い神秘がくみとれる。

（昭和四十七年　松木天村）

i　紫の間……ご垂示《すいじ》（天の理）を戴《いただ》く間《ま》

紫の間は、天のはたらく場である。天村先生の先述の紹介にあったように、女史は日常は普通のご婦人である。夜、九時に「紫の間」にお座りになられる。その時、おやかた様が、天の台と成り、天から天音が垂らされる。今までに心に残った御垂示（理）の一部を、内藤が掲げて理解に供したい。これ等は録音され「根」という表題で本に編集されている。

理

一　愛とは　人を戴くことである（根六四号一一九頁）［以下、根の号頁数のみ記す］

二　臍の中に居られる「みたま」が本当の自分……頭は偽物……（三二・七二）

三　あたらしい道は、みたまに付いている業を掘る所・それを掘って果たす所（一・四二）

四　本当の理は　みたまさんから　浮かばされる（一八・二〇）

五　みたまさんが　磨かれて　思いが叶う……（三〇・四二）

六　人間は（欲に支配され）どうにもならないから（これからは）みたまさんが差配する。
　それは「ふっ」と、浮かんだものが　本当です（二七・六三）

七　この道により　世の中の眠っていた人の「みたま」を呼び起こす（一四四・一〇）

八　みたまさんは　天の分かれ　……（二九・二九）

九　いよいよの時（越すに越されぬ日）多くの日本人の「みたま」が開く（六〇・六七）

一〇　理と法の両方で　天地が一つと成る（一二八・八六）

一一　この道を忘れたら　日本は真っ暗と成る（一二九・三二）

一二　日本は　どん底まで落ちてから改まる。それを助けるのが道の使命（四三・一〇一）

一三　病は　そら　そら　喜びの薄い者が成るんじゃ　病は喜びで治すんじゃ（二・六六）

一四　世直りは　世が建て直る……その前に己を（業を取り）建て替えや（一・四四）

一五　宿命とは、身の内に宿る「みたま」の因縁をいう。（例えば、殺されるものは、遠い先祖に殺しの因があり、それを果たす宿命にある）（一二五・一五九）

一六　運命とは、みたまに付いた業と徳により運ばれる人生をいう。（二一・五三）
一七　氣次第で生きおおす（生きる　死ぬは誰が決める　神？天？否　己の氣が決める　だから氣が肝心　生きようとする氣に天が乗る）（一四一・一四六）
一八　病は心から……病氣とは氣が病む……心……思いが病む（一・五五）
一九　心が陽であれば　一切合切が成る。……（陽であれば　病も消える）（三〇・四四）
二〇　人を助ける一番の近道は　その人の業を取ってあげることである（二・七八）
二一　（辛い時は）歌を歌って陽気になろう（九六・一四一）
二二　幸福と「しあわせ」は、異なる。前者は欲望の充足の意。後者は、晴と雨、富と貧苦と楽、満腹と空腹等「全てが、仕合うている」両者を戴き喜ぶのが理（一〇七・一四四）
二三　お金は天からの回しもの　貰い過ぎたら　人がダメに成る（三一・七〇）
二四　今に明治二七年頃（臥薪嘗胆）の時代に一遍成る（……そして　雨露凌げて食べていけたら結構　と言う時代になる。）（一〇・七四）
二五　浮世でも　みたまの開いている人は居る。しかし、理を知らないから「みたまが歪《いびつ》なんです」（三〇・七四）（佐藤吉次は「お前さんのみたまは開いていています。小さい時に何かありましたか？とご明断の際、問われる。氏は小学生の時、熊蜂に刺され気絶した事があった。こ

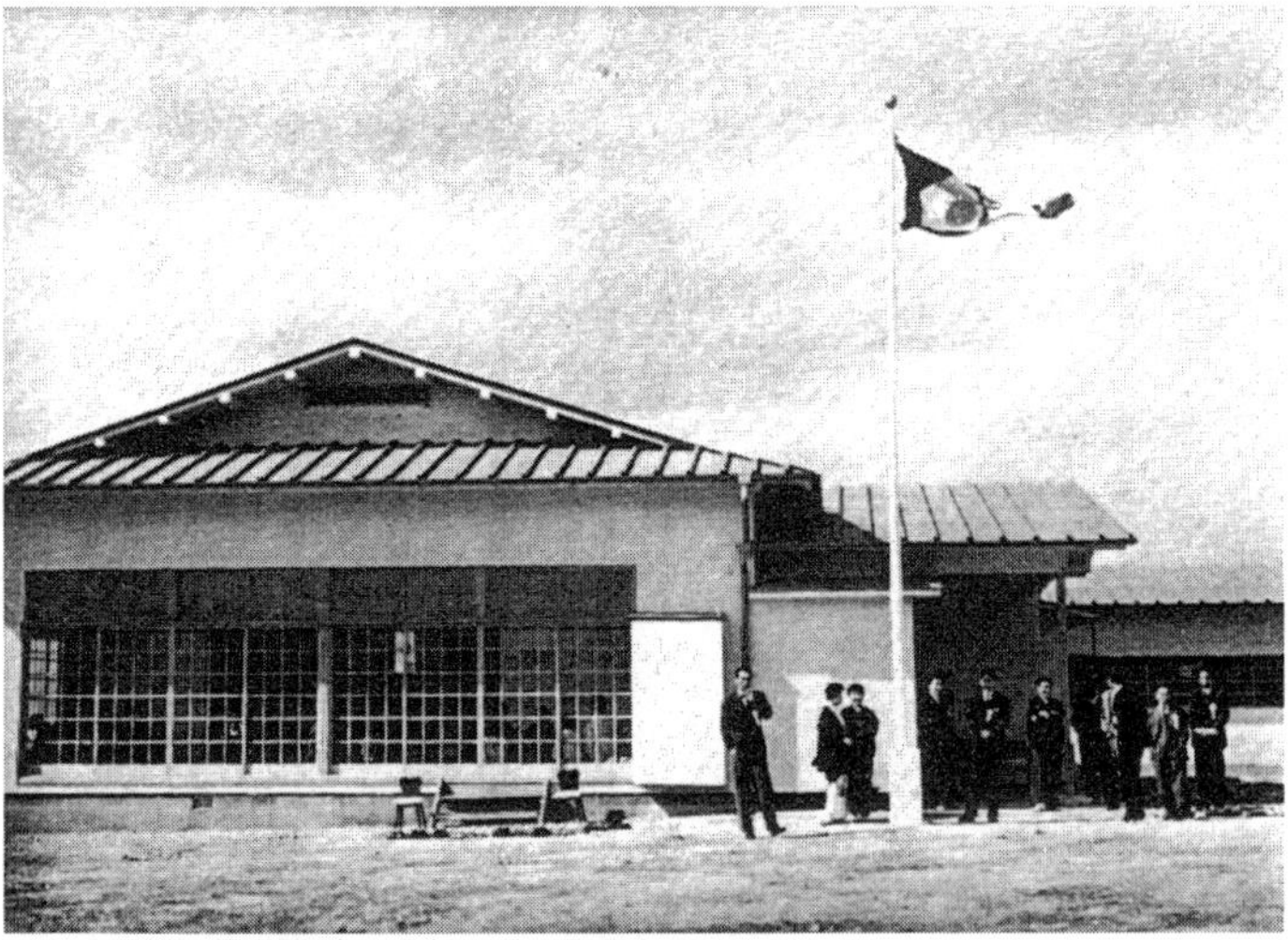

写真 13-1　紫の間（36 畳）・天の理が垂示される場
昭和 35 年・お式前「紫の間」遠景

の時「みたま」が開いたようである。道友はご明断により、寝ていた「みたま」を開けられ、少しずつ業をへがれ、理を体得し世直りの時、お役にたてるように仕込まれている）

ii・松の間のお行

松の間は、紫の間が終わった後、数分休憩して一〇時一〇分から二時間開かれた。先ず、お仕込みを戴いた方が、最初にお礼を述べ、その後に、各自の思いや覚悟をおやかた様に発言する。それにより理の理解度上側とお肚の思いの違いを聞いて戴き「みたま」の生長度を測って頂く場である。そして、一般道友の自由発言と成る。延べ五〇人位が発言しお返しを戴く。次に掲げる具体的な事例から松の間のお行を知って頂きたい。

ある時、内藤は「下座の効用について」次のように発言した。

一　内藤　苦手な先輩に下手《しもて》から出て質問した事がありました。その方は何時もの強面《こわもて》の声と異なり優しく答えてくれました。だから下座が大切であると思いました、と発言。

おやかた様　貴方さんの下座　それはほんのあっさりでしょう。それ位では　下座と申しません。もっともっと自分を虐めるんです。もっと苦をなさるんですよ。

二　内藤　ある若人の会に出席しました。そこでは、マージャンやゴルフ等の遊びだけが語られていた。これを見て私も國が危ないと思うようになりました。

お答え　お前さんは、自分がえらいと思っているでしょう。それは結構ですが、あまり思い過ぎると人を殴る憂いがありますよ……しょっちゅう場に戻って下さい。（これ以来、短気であった己の性が変わった。怒るという事が無くなった。業が、へがれたのであろう）

三　ある時、大物の財界人Kが発言された。

K社長　國の為一生懸命に働きたいと思います……

お答え　お前さんは先ず己の建て替えが先です。……未だ國を担う格では無い……

四　N　（この方は、気が弱い方であった。）……世のために一生懸命やります……

お答え　お前さんは　お行の出来る人ではない……この場に来て皆さんと仲良く練り合うだけでよいのです……段々……理が濃くなり大人に成るでしょう……。

五　内藤　日本人は、「情の情」「誠の誠」そして「義の義」が大切であると、この道で教えられました。これからは、本当の日本人に成るべく「お行」をいたします。

お答え　お前さんは大学の先生ですね。……周りに日本式を振れまわるんですよ。……特に東京には、その必要があります。……貴方さん　頼みますよ……。

六　三重県の水産会社の社長が、社員のミスを怒鳴ってから帰参し発言をした。

社長　己を建て替えて人間完成を目指します。

おやかた様　お前さん　最近「怒りましたね？」誰かを怒鳴ったでしょう。（はい）それで　今まで積んだ「お徳は　全部パーでございます」人を怒ってはイケません。そのような時は　先ず自分を掘る。自分を先ず殴るのが「お行」でございます。

七　日本の将来を発言された方があった。

おやかた様　このままで行くと日本はね、三分の一の人口になる。三分の一は死んでしまう。……この道は、この國難を救う為に引かれた。この道の理を順々に説き明かし、死んでたまるか、生きおおそうという気にさせる　これが道の眼目です。

八　（伊藤元憲兵中尉が居られた。氏は謹厳実直な方で侍の風貌があった）

元憲兵中尉　國の為に余生を尽くしたいと思います。（内藤は、この方の隣に座していた）

おやかた様　お前さんは　女　女　女　女ばかし……そのような者……

理の女には、無用じゃ　無用じゃ　無用じゃ　去れ　去れ　去れ　去れ……

（氏は、屈辱に顔がゆがんだ。）その後、柏木公文の直観で「この女の正体」が解明された。これは、憑きものを指摘されたのだと柏木は助言された。氏の妻が、腰を悪くしていた。そのため床から起き上がれずにいた。ある時、友人が山伏のような人を家にお連れした。この山伏が祝詞をあげて妻の腰の辺りを摩りだした。そうすると気持ちがよくなった。それを一週間ほど続けたら床から立ち上がれるようになる。それを機に「山の神○×教」の信者となる。更に、請われるままに支部長を務めていた。同じように腰痛の婦人を治す教会のような役割をしていた。当然、高いお礼も戴く。元憲兵は　婦人にこのような仕事を辞めるように注意をしたが、婦人は頑として辞めなかった。ところが、先のお答えが在って数か月後、この宗教の教祖が病める婦人の腰をマッサージしている間に婦人の秘なる部分を触り、告訴される事件が生じた。この事件は、新聞や週刊紙にも取り上げられた。「理の女（おやかた様）には無用じゃ、無用じゃ」と言われ邪が取れた。婦人は目が覚め、この事件を機に、この宗教から離れた。このように本人だけで無く、その婦人の憑き者まで天は掃除している。邪霊に頼る心を掃除している。**おやかた様は、私の言葉には、髪の毛一本の狂いもありません、**と言われたことがあったが、内藤は目前で、この顛末を拝見させて頂いた。

九　藤波孝生元官房長官に対する最後のお返し

おやかた様　お前さんは、高山（昭和天皇）に理を伝えられる立場にありながら　それをしなかった。天は　それが　残念　残念　残念　残念…………（リクルート事件が発覚する前年の一二月末）

一〇　福田赳夫元総理の発言

福田　世界平和実現のために世界を回ってＯＢサミットを開く準備をしたい、と思います。

おやかた様　貴方さん　それは無駄でございます。それより日本人が建て替わって「みたま」がはたらくようになれば　世界の人々が拝みにきます。

一一　閑院宮純仁氏の発言　**（昭和四九年一〇月八日　根三六号七九頁）**

閑院様　……新聞報道によりますと過去に無かったような地球の変化が起こりつつあります。……地球が変化しますと加速度がついて……何れは大地震のようなものが起きそうだ、という話が出ております。これは、世直りとも関係があるのではないのか?と思われます。

おやかた様　あのね　皆さん　天意現成はね　地球に物凄いヒビが入っている、それによって　早めに　天のどこか知らん方で決めちゃったんだ、という風に申しておきます。地球にヒビが入ったんだ。それで**天意現成を　早速、形づくったんだ**……日本だけで無く　**世界中が　えらいこっちゃ**　という場合が近づくらしじゅうございますよ。

私はこの真の意味は分からない。しかし昭和四九年に発言されてから、令和六年で五〇年が過ぎた。そこで、現在の「地球の温暖化による危機的状況」から推察してこれを読み解きたい。天は世直りのために三〇〇〇人の誠の男を集め、彼らを仕込み「みたまと理」の時代を目指し、日本を建て替える予定であった。しかし浮世は、物金《ものかね》に拘《こだわ》り理を聞こうとしない。この間、自然を汚染し破壊してきた。このままでは國が危うくなりますよ、と警告してきたが人は耳を傾けない。更に　國を担う男が、天の期待するように集まらなかった。

昭和五〇年、松下幸之助が、ご明断を受けた。「國の建て替えのために手を貸して欲しい」と直接頼まれた。氏は当時七〇才であった。隠居の身であり自由時間も金も十分にあるように思われたが来なかった。後で分かったことであるが、当時、社内で娘婿と覇権争いをしていた。氏は紛争中に愛人の家で他界した。業のなせる最期というべきであろうか？　立派な高山のように思われたが國の為に力を貸す事は無かった。

同じ頃、花園大学の学長・大森宗玄がご明断を戴いた。氏は、今の立身出世、欲望中心主義の教育では國が危ない、という点では、天意と一致していた。おやかた様は「あんたさん　それをどのように是正されますか？」と問われた。氏は「禅と剣（氏は直新陰流の免許皆伝）によって若人を鍛えます」と答えた。おやかた様は「それで若人が一人前に成りますか？」と再び問われた。氏は答えられず沈黙したままだったと、氏を紹介した拓殖大学理事長・椋木瑳磨太は証言した。その後「**人は　みたまに付いた業を取らない限り有難い日本人に成れない**。だから　あなたさんも　みたまを磨く為に此処へいらしゃいませんか？」と誘われたが、とうとう来なかった。学長は、剣と禅に自信を持ちすぎていた。

このような例でも分かるように「人の欲望から生じた地球温暖化から異常気象が発生し、人類が滅亡するほどの危機である」。國の危機・人類の危機にも関わらず高山は集まらなかった。

人は　身上（病）・事情（事故）を戴かないと思いが変わらない（天の理より）

現代人は身上・事情等による痛い目に合わない限り「欲望の拡大、則ち自然の破壊を止めない」。そこで、天のお灸を戴き「世界中がエライコッチャ」となる……コロナウイルスの世界的蔓延、異常気象、そして、大地震などを与えて心の建て替えを促す。欲望に対するブレーキを失った現代人は、痛さが無いと目が覚めない。これで天は「みたまを開き、理の國を創る」**という天意を現成していく。**その際、道友は天の道具の役割を果たす、と私は推察している。（終）

補論二

旅人・あの世を覗《のぞ》いた

愛知・野島　恒雄

要約

野島は、あの世を覗いてきた旅人である。氏は、経営コンサルタントを職業としていた。物事を理解するにあたって論理的、科学的、合理的でないと信じられない人であった。道では、人がこの世に生まれたのは、先祖の業、己の業を詫びて果たす為であると教えられる。そして「みたま」の汚れをキレイにする事が「しあわせ」に成る。氏は、生まれる前と死んだ後の世を見せられた。更に世に出て人が歩む道も教えられて帰還した。あの世は、「音と光」の世界だった、と言う。

一　仮死状態になり「あの世」へ行く

私は昭和四十四年十二月に、ご明断を戴きました。この日から二年半たった四十七年四月八日のお式の日に禊場《みそぎば》で転倒し頭を打ち、仮死状態に成って一時間半ほど「あの世」に行ってきました。今思えば、それほど「あたらしい道」が分からなければ少し分からしてあげようと言う親心であったのでしょう。私は、経営コンサルタントの商売をしておりました。頭を使って何でも分析してきました。科学的で無いもの、合理的、論理的でないものは、信じない性分でした。だから**あたらしい道の話もさっぱり分かりませんでした。**この度、あの世に行き天の仕組み裏側を見せて戴きました。

私が、禊場で倒れた時、暗いトンネルの中を物凄い圧力で押し出されました。苦しいな、もう耐えられんなと言う気持ちで辛抱していたら、明るい光の世界に出ました。そこには、映画のスクリーンがありました。画面には、自分が、生前した事が全部次から次へと写し出されました。更に思った事まで映画に成っておりました。それを見ていると、恥ずかしくて頭を上げる事が出来ませんでした（これが業と言うものでしょう）。道に繋がってから天の理を教えられております。理に照らして……・自分の悪事やズルさ、浮気、土地争い、嫉妬、夫婦喧嘩、恨み、親不孝等……今までして来た事が、恥ずかしいやら申し訳無いやらで……ごめんなさい……ごめんなさい、ごめんなさい……お許しくださいと必死にお詫びしました。しばらくするとスクリーンが消えました。

今度は、魔法の絨毯《じゅうたん》に乗せられ、暗い闇の世界から「音と光」の世界の中を上の方に引き上げられました。

二　あたらしい道の門に入る

最初にキリストの門が見えて来ました。次に釈迦の門がありました。……八合目に「あたらしい道」の門がありました。そこで降り門の中に入りました。すると門番から「お前は　未だアカン」と追い返されました。再び絨毯に乗り別の場所に飛ばされました。すると（松の間のような処で）黒い座卓が在って座布団の在る処に降ろされました。そこには黒い羽織を着た御婆さんが座っておりました。机には、半紙と硯と筆がありました。

御婆さんが「**お前さんは　もう一遍　現世に行きたいのですか？**」と問われました。

「**はい　行きたいです**」と私は答えました。御婆さんは「**現世に行って何をしてくるのですか？**この半紙に書きなさい」と言われました。私は夢中で何か書きました。（スクリーンに映し出された悪事を濯《すす》ぎたい、お詫びをしたい、業を果たしたい、と。）

御婆さんは、私の半紙をご覧になり「分かりました」と仰いました（後で思うと私の生まれ出る前の状態を示されているのだと知りました。）御婆さんは「それじゃあ　それができるように　力を授けます」と書いて下さいました。その半紙を戴き「有り難うございます」と言って半紙を受け取った途端に息を吹き返しました。（天理教には、業の果たしが無い……業は　喜んで果たしてこそ　業が無くなるんじゃ……と。根一四七号二一四頁にあります。業は　果たすことにより「みたまが輝き　みたまが能く」順序らしい。）

三　人生は　海亀が海面で息を吸う位の間

私は、人生と言うと「おぎゃあ！」と生まれて死ぬまでを人生と思ってきました。ところが、あの世に行ってみると、この世の人生は、ほんの一部分でしかない。本当は、長い長いあの世の世界があるのです。ちょうど海亀が海面に空気を吸うために頭を上げに来た、と言う位の間なんです。本当は、あの世は何千年、何万年の世界があるのです。……**あの世の世界で神代のころから私たちのみたまさんが生き続けているのだと分かりました。**その長く大きな流れの中に人生があるのだと分かりました。時々、その空気を吸う為に……肉体が無いとそれが出来ない。みたまさんだけだと「火の玉」(注一)と成ってしまうので、肉体を持って七〇から九〇年位の人生を過ごさして頂く。そして又、みたまさんだけの広い世界に戻るのだ、と思います。

（高坂甚之助のご明断に「人は　みたまに借りがある。その借りを果たして臍を喜ばすのがこの道の眼目です。臍が立派に成れば、理と法がはたらく。**その為に　業を果たす。徳を積んで先祖と己の業をキレイにする。それが本当の「しあわせ」なんです。……業の果たしが終わったら地上から上に上にと（みたま）が上がっちゃう……時が、来たら又、元来た処（みたまの世界）に還る。**（昭和三八年五月一八日）、のだ、と教えられております。みたまだけの広い世界に何時か還るのだ、と言う意味に受け取れます。）

四　天命と天分

この世に生まれ出たという事は、（先祖の犯した業を）果たすということです。その果たす機会を与えて下さい、とお願いし「よろしい」と言われて出て来たという事なんです。いわば、契約証をおやかた様（天）に出しハンコを押された。そして、おやかた様より「よろしい」と言う印を押されると「みたまさんに烙印《らくいん》」を押されます。これが「天分」です。ここで天との約束をして、この世に出て果たすという使命を戴きます。これを天命と言います。

別の表現をすれば、おやかた様よりこの世に出て来る時に……関所の鑑札《かんさつ》……旅券を戴きます……道の方は、紫の紐の付いた鑑札をもらっています。その中にその人の責任範囲とか許容範囲とか器量とかが書かれております。これが「天分」です。例えば、お前さんは、駕籠に乗る人、お前さんは、その駕籠を担ぐ人、お前さんは、その草鞋を作る人。更に草鞋の材料の藁を育てる役、分があります。

（昭和六〇年頃、三重県の社長が「國の為に汗を流します」と言うような発言を「松の間」でされた。その時のお返しは「お前さんは、國を担うような未だその格ではありません」と言うものであった。この社長は、金もあり知性もあり立派そうな方であった。しかし「天分」は、お金や知性や社会的地位に関係が無いようである。社長は我が強く、父、息子と対立しました。己の建て替えを忘れ、分以上を求めると足元が危うくなるようです。氏の晩年は、身上、事情を戴き一人闇路を歩くことになりました。）

五　浮世に出る

この浮世に生まれて出てきたと言う事には、深い使命があります。それは（先祖の犯した業を）果たします。きっとやりますから果たす機会を与えて下さい。それに対して「よろしい」と言う許可を得たと言うことなんですから、勝手にゴルフを楽しみ、酒を飲んで日を過ごすという訳にはいきません。勝手気儘はゆるされません。

「貴方の好きでこの場に（業を果たしに）来て居るのでしょう」とおやかた様が言われる事があります。それには、このような訳があるからです。

（Dは　貴方の遠い……………遠い（七回）先祖に業があります。貴方のお父さんにも業があります。そして貴方の左目にも業が現れています。と指摘されていた。しかし、氏は五〇年間、先祖の業を果たす事をしなかった。その為、突然、身上を戴き出直す事になった。遠い遠い先祖の業は七回指摘されていた。業を犯した先祖を指摘されていた。それは、先祖、父、自分と三人の業を指摘されるのは、深い業因縁があると推測されます。それを先ず、お詫びし果たすのが〝お行〟の順序であった。

手前（おやかた様）が先祖の業を明かし　果たしを教えても白ばっくれる方が多かった、と。根の十一号・八五頁にある。…Dは、理も濃く紳士的な方であったが、「業を知りながら白バックレタ…」のであろうか？　道の第一歩は、教えられた先祖の業の果たしを目指さなくてはならないのです。）

先祖の業と己の業を果たしますと言う契約証を、おやかた様に提出して世に出る。おやかた様は、「それでよろしい」と言う判を押される。それが、みたまさんに烙印をされ「天分」が決まります。

（天分は、ご明断の際、告げられる事が多い。国見裕は、お前さんは万々筋の男である、と教えられた。中村利明は、日本帝國を抱っこせよ、と天分と天命を戴いた。他方、Mは、お前さんは、たった一言だけ浮世に理を伝えなさい。一言だけ、と優しく小学生に対して夏休みの宿題を課すように言われた。彼は、國はもちろん村も抱けない青年である。しかし隣人は、抱ける。知人に誠を尽くす、それが氏の分である。この分通りに実行する事が重要なようです。）

天と約束して……この世に出て「業を果たす」使命を戴きます。これを天命と言います。

今度は、おやかた様から浮世に出て行くためにパスポートを戴きます。江戸時代なら鑑札を戴きます。その中には、その人の責任範囲、許容範囲、つまり器量が書き込まれております。これを天分と言います。

例えば「お前さんは駕籠に乗り天下を治めよ」と言われる人もあります。天下でも百万石を治める人もあります。十万石の人もありましょう。壱万石の人もあります。

更に大きな駕籠も小さな駕籠もあります。今風に言えば、キャデラックに乗る人もダットサンに乗る人もありましょう。後は、その人の努力と器量次第であると言う事です。

他方　駕籠かきの鑑札を戴いた方は、それを一生懸命するのが良いのです。金があがるからと言って成金が、駕籠に乗ろうとしていけません。それをすると「みたまさん」から「こらやい！」と叱られるのです。これが天分です。タナボタ式に遺産が転がり込んで富者に一時成っても最期は分通りになります。これは、目に見えませんが分以上の財を持っても人生の最期は分通りに成るようです。

（Aは、土地を買うのが好きであった。ここに三〇坪、隣町に五〇坪、田舎に壱百坪と買いました。ご明断で、その土地は何れ全部無くなります、と教えられている。土地は、天からの一時の借物、それで利潤を上げようとする了見がいけなかったのであろう。更に、土地により大金を持つ分では無かったのであろう。老後に成ると全部手放さざるを得ないような事態に追い込まれた。この世は、一時金や土地を持っても分通りにしか与えられない仕組みのようです。）

六　玉手箱を戴く

「お前さん　これから浮世に出て行くと様々な苦がある。先ず業の果たしがある。〝憂き事の　尚　この上に積もれかし〟」と言うがごとく果たしに伴う苦しみ、悲しみ……があるだろう。しかし、通れない苦は無い。苦を果たす事が、「しあわせ」なのだ、と思い喜んで苦を通るのですよ。多少の山坂、泥濘《ぬかるみ》はあるだろう。しかし　茨苦労《いばらくろう》をして　おやかたが、道普請をしておいたから　お前さん達に通れない苦は無い。……お前さん（野島）は、（業が深く……疑り深いから……）山坂があります……泥沼もあります……その時のために「玉手箱」を与える。苦しい時は、これを開けて苦難を乗り切りなさい。その箱の中身は、得手、持ち味です……これが天性ですよ

（更に箱の中には、お行の完成度によって理と法が入って居ると推測される。）

このように道友は、天命と言う烙印を「みたまさん」に押されているのです。そして天分を戴いて己の役割を教えて頂いているのです。更に天性を戴いて「氣」があれば「得手」が能く仕組みになっているのです。

（林　慎平は、他人に頼まれると「どんな事でも自分はさて置き、人さんの為に汗を流す」。氏は、

理の通り実行するのです。その結果は上手くいくのです。
更に「ふっ」とみたまさんから浮かんだ事を直ぐ実行すると上手くいきます。氏は「我と欲が生まれつき無い」から「みたまが能く」のでしょう。更に玉手箱から理と法がその時々に出るようです）

道友は、世直り　國替えを前にして玉手箱を戴いて浮世に出されているのです。「ふう」とは、言葉の初め、人間思案が露ほどもない状態。（根二六号百十六頁。）そして玉手箱を戴いておりますからイザという時に、そこから加勢がある仕組みに成っているようです。

先ずは、やる氣です。
このような事を「あの世」を覗いて道の本当を分からしてもらいました。思い出すままに述べた事は、裏から覗いた場の一端です。

気絶して、あの世を彷徨《さまよ》い一・五時間ほどして、この世に送り返されました。二階の貴賓室で休んでおりました。ちょうど、その日は、八日でしたから間もなく「お式」が始まりました。紫の間から、おやかた様の「おん」（音）が朗々と流れて来ました。その時、あの世を彷徨って拝聴した今、大阪の羽曳野の部屋で聞く「紫の間」から流れる音は、あの世で拝聴した「おん」と同じでした。

「おん」（音）……………。

……さあ　さあ　さあ………………………………………………

……とう　とう　とう………………………………………………

あの世は「**音と光**」の世界でした。

（後に「おん」は、言葉に成る前の世界を意味する。「…さあ　さあ　さあ…と言う「おん」は「種のみこと」を呼ぶ音である。光とは、みたまの輝きである、と教えて頂きました。）

注・これは、野島の体験談をＣＤに録音されたものです。あまりに長く複雑なので、その要点だけを纏めました。そして　私見を加えた。それはカッコ（　）で括ってあります。文責は内藤にあります。

注一

昭和一九年七月から二十年七月の頃である。南方の敗戦が色濃くなった時期であった。成田市大菅村十九戸から兵士が一二名南方に出陣しました。しかし八人が戦死しました。小さな集落で兄弟のように育った仲でした。その兵士達は、火の玉（大きな提灯のような灯が燈っていた）と成って内藤操に最期の別れの挨拶に来た、と言う。このエピソードは、第五章の大沢秀規との対談の中に詳しく述べてあります。

補論三

理人・道と宗教の違い・それは根と幹の違い

静岡・町野　光男

要約

氏は、求道者である。教育の本質、宗教の本質、医療の本質を求めて日々を送っていた。昭和三九年に羽曳野の本部を直接訪ね、御明断を戴いている。道の創成期であった為に多岐にわたって教えられた。最初に、あたらしい道と宗教の違い、特に新興宗教の本質を理を基に説明されている。更に病、その原因や我国の将来についても教られている。氏は元教員であることもあり、教養人であり、人格者であった。何よりも真面目で理を実行された方であった。

後年、みたまが開き音が出た事もあり、完成度の高い道友であった。

町野光男の御明断

一　M教との出会い

おやかた様　よくいらっしゃいました。どのような訳で中学の先生からM教に入られたのですか？

町野　はい、簡単にご説明します。家内が子供を出産した時、母乳の出が悪かったのです。そのころ、私のクラスにM教の父をもつ生徒がいました。その縁で浄霊の話を聞き「お手当て」をお願いしたところ母乳がでるようになりました。このような体験から同じ悩みの奥さん方にお話しをし、お手当ての経験を積みました。ある時、校長の奥さんが脊髄カリエスで四年間寝込んでいました。私が、浄霊にお伺いし、毎夜、浄霊をし、約一か月で治ったので自信がつきました。このような話が広まり、いつの間にか色々な方が、我家に来るようになりこの方々が信者に成りました。

二　根を洗う

おやかた様　貴方さんは『臍は天の座である』という本を読んでここへ来られたのですね。M教は、至れり尽くせりの大教団でございますが、それは過去のものです。今からは　絶対に違うと言います。……。私には……何があるのかと言うと**根（みたま）だけです**。根だけをかれこれ年数をかけて申してきました。土の中の根を言うもんですから……見えないもので歯がゆい。幹なら大したもんだと人は言う。**根を言わねばならない時が　来たのです**。これを言わねば　ならない役回りなんです。あたらしい道は　貧しい場なんですが　言うことだけはものすごくでっかい事を言う。あけすけに　どんどん「**根の汚れ**」（**前生因縁**）を言います。早く助けにゃならない　どこが助かる。**人の思いが助かる**。みんなの思いが　あやふや　それでは　助からん。貴方も「思いを大丈夫」にしてお帰りなさい。浮世は一寸先が闇夜である。五里霧中の時代　戦後宗教が沢山できた。昔は神道　キリスト教　仏教　天理教ぐらいであった。拝むばかりの宗教が出来て理が無い。それで人が　だんだん悪くなった（宗教は欲望の充足を助けるばかり）。宗教があんまりたくさん出来て　神様なんてどうでもよい。**要するに　神様なんかありゃせん。神様なんか何処にも無いんですよ。ただ　天　天　天が　おわすだけです。仰いだら天があるだけ。高天原に大分前までいたが　それは国津神（蛇・狐等の動物霊）でした。あらゆる層によって　色々の神様の名があった。只今は戸を閉めちゃった。戸を閉めざるを得んようになってしまった。かみ様のはたらきがない。お蔭なぞ無い**。結局ですね　今では（天上が）切り替わってしまった。

三　人の肉体は偽物　本体は「みたま」

おやかた様　頼るものは　**自分の臍の中におわす「みたま」だけですよ。磨いたみたまだけです。神様もお金も知恵も**頼るものは無い。私がしようと思った訳ではないけれど……因縁でそうさせられました。私の臍（みたま）の中が　いやらしいことを言う。（他人の業を）言わなくてはならなくなっちゃった。業は誰にもあるもんだけれど　そんなことおっしゃらない方が良いですよ、と人が言う位「**みたまの汚れ**」をいう。それが臍からの音である。だから最近　たま　たま　たま磨けたま磨け　たまみがけ。ここでは霊とは言わない。たまたま　という。**たまを磨くから「みたま」という。磨くものと仮定して「みたま」と言う。みたまの座が……臍に天の座がある**と言う。この通りが天に座がある。天にあるから身上・事情に写る。それで身の内　身上という。肉体を身上　これを身の内という。天理教は身上を借り物と言う。**この道も身上（肉体）は天からの借り物　本当の自分は「みたま」である。**「みたま」は天の分かれであり上側（肉体）は偽物である。**頭も心も偽物である。それが**　病む道理はない。……病は見せられているんだから今の思いを切り替える。……我……欲……高慢（心の埃）を捨て　思いを正しくし……「みたま」に添うようにするんじゃ。

四　みたまに付いている「業」をきれいにせよ

おやかた様　理が分かったら病みほうけるという事は　絶対ない。理が分からないから病む。……人は　馬鹿なもので臍を忘れて直にふんぞり返えって威張る。業を果たせ……臍の汚れを綺麗にせよ。業を果たす苦があってこそ　みたまが磨かれる。苦がなくては磨かれん。要するに私の道は掘り下げる。自分の業を　もっと　もっと掘って掘って掘り下げる。掘りさえすれば　何か新しいものが湧いてくる。……この向こうにZ教団があります。ものすごく金持ちの新興宗教で花火を何億円もかけて上げております。私の方は、物置みたいな家です。しかし理は絶対に違う。それは根です。……みたま　です。Z教やM教は枝葉なんです。幹を教える所もある。それが天理教です。この道は枝も葉もない　何もない　……あるのは　根（みたま）だけです。……病気は　やっぱり心使いが悪いから病を戴いた……身上という警告を天から戴いている……それは心意気によるんだ……病気位なんじゃ！　あったとしても　苦は無いんじゃ　とこう言います。……要するに心の拠り所　これが大変なんでございます。欲しい、惜しい、可愛い、憎い、恨み、腹立ち、欲、高慢、（増上慢、勝手気ままな心の自由）この「心の埃」をどのようにして取るのか？　これをモノサシしてに己を掘れ！　とにかく「心通り　心が正しければ臍（みたま）から守護がある。」

五　天が乗る

おやかた様　心が良ければ　そんなもん　どんな病でも　治るでなあ……人を助けるのには　M教に限る必要はありません。万教帰一と申します。天は四六時中　人を見ている。だから悪い事は出来ない（……詐欺、万引き、浮気……）いずれは清算しなければならない。自分で積んだ業は果さなければならない。天は始終その人の顔を見ている。その人を見て　その人の氣に乗ってやる。それ天は　氣である……この道は理である。この道は理の元である。他は、理でなく法である。この道は　理であって法をいう。道ではみんなに理をばら蒔いている。理がなくて法ばかり出すのは　天が相ならん……理に反する　とこう言います。M教は　法の法でございます。理は目に見えないから　ちょっと分からない。ところが臍は、すべてを分かってしまう。**ここにいらっしゃったら　貴方の臍は　能きを知る。臍が　あいまいかどうか「みたまの能き」によってわかる。**

今に日本が、……國が行くに行けなくなる……越すに越せない日が来る。このままでいくと日

本は三分の一の人口になる（根六号一八一頁）。**真逆のような気持になる。自分が逆さまに成って自分の頭でもっと掘ろうという**お気持ちに成るか？　成らないか？　そうすると　誠に申しにくいが（M教の）浄霊と「みたまを磨く事」は全然異なる。……自分の前生から備えている徳と業が千人、万人、一人一人　全部理が違う……。私の申すことは　髪の毛一本の違いもございません。貴方さんが六〇―七〇歳ならば　何も言いません。今は五〇過ぎたばかりです。ここ掘れ、掘れ、「**業を掘れ**」　お前さん　道具で掘っちゃいかん。頭で掘る……掘るのは一苦労だぜ……掘りますといった手前　掘らねばならない。……「**業を掘って　みたまを磨く事が行**」です。ここへ来たら　自分というものに仕い替えるだろう。業をへぐだろう。それは苦ですよ。業を指摘し取ってやる。それが本当のお助けですよ。……**お助け人とは　理と法が揃った人をいう**。この理と法は　今できないが　何れ納得できるでしょう。……業が取れないと「みたま」は　能からかない。

六　越すに越せない日が来る（業を清算する日）

おやかた様　この道が　何となく　こうゆうご時世に　みんな　どえらい時がくるぜ……（天のフ

ルイに業の者が掛けられる日）……その時どうするのか？（天理教は）助け一条と言ったなあ……。**相手の思いを助けるのじゃ。（現代人の物金に拘った価値感を理の通り生きる方向に思いを変える。）**……病位ほっとけ　と私は言う。ほっといたら病気せんわいと言います。……お前さん修行　修行しにきいーや。お前さん　こうゆう風に昼に言いました。夜分の理とは変わるのが理でございます。沢山の方に乗ってもらって一〇〇人力、一〇〇〇人力の理を受けるかもしれない。……思いがぐちゃぐちゃでは　天が乗りようがない……　多くの人が　訳も分からずにここへ行っていれば助かる……そんな思いでは困る。……　みんなとワイワイお喋りをし　楽しく酒を飲んでいればよいという場ではない。思いを切り替えや……天が　まことの男一〇〇〇人を仕込む場じゃ……先ず己を建て替える……人のことが気になる……他人のことが自分以上に気になる。国の事が心配でなければ本当の人間とは言えない。天は　役立たずが一杯いても喜ばん。**自分をほっといて人の為　世の為國の為という気持ちが湧いている人が来たら天は乗ってやる**……これが、本当の男だ……天が加勢するに決まっているのだから　先ずこの道に加勢しいや。この女に加勢しーや。貴方が　加勢する気になったら　天は加勢するわい。だから　あいあいごっこだ……世は　自分だけ良ければよいと言う人ばかりだ。……他人助けて自分が助かる……助けて助けられる。……自分が助かることばかり考える……そんなもん　天は　へいーだ。……

天は　人を助けて自分も助かる。（浮世に　みたまと理を伝えよ）根（みたま）を世に知らしてやる。日本人の根を大きくもっと立派にしてやる。根を綺麗にしてやる。手前は夢中で業因縁を人に言うように変わってしまった。**お前「人の業」を言うのが嫌なら寝ておれ「日本は　ああもこうも　出来ない時が来る。行くに行けない　越すに越せない　通るに　通れん時が来る」**その時どうするのか？（業の者は死んでしまう）宗教家は　どうする？（この時）宗教に何が出来るのか？　手前は　本人の氣が見えたら乗ってやろうぜと申します。……貴方さん　納得頂けたら　又いらっしゃい。来るたんびに　己が建て替わる……業を果たす……切り替えるように前生の持ち物がある。優しすぎてはだめですよ。そうするとドンドン業の人に突き当たる。心が澄み切ると他人の業が見える。それが貴方の眼力ですよ。そうなったら気味が悪いなあ　こんなこと分かると有り難くないなあーと思った……色んなことが分かっちゃう。そうすると直ぐ言えませんから……言ったらお辛い方もある……お苦しみに成る方もある……業の方の反撃もある。しかし　何かの潮に因縁を「フッ」と言うこともある。……貴方　お苦しみになる。それだけの「圧力」をお受けになる。人の業を見つけ　人の良い所をお拾いになる「ひのき　ぐるみ」でございます。そうゆう風に**先祖の「みたまの汚れ」が見えて見て探すのがこの場なんです。**先祖の「みたま」が見ていて（この日を）　待って待って　待っておりました。（松田留次郎の例が示すように末裔が、先祖の業を果たすのを待っているの意）……これからは　この道をもう一つ知る努力をして下さい。ちょっと位知っただけでは信ずるという理が薄うございます。信じたら　それだけ嬉しくなります。薄いと中途半端になります。そこが肝心です。……会得の上にも会得して下さい。今は　人の「みたま」の中をかき回す。人の業を沸かす　潜んでいた汚れを沸かす……やかたが　かき回すから……お前　大変だなあーこんな事と思っている。湧いて業がへげるから「みたま」が光る。**「みたまの汚れ」が取れれば　誰も　しあわせに成る。**

七　身体が弱まり摩《さす》る

おやかた様　私は、昭和二七年一二月　身体が弱り寝込みました。その間……一か月位　毎日自分の体を摩る。これが神秘の現れでございました。貧困で病弱……立てそうもない体を……寝ながらさすった……その後　時々　体が立つようになった……天が加勢してくれた……私に自信を持たしてくれた。私は　人さんに手を当てたことはない。それをしたら自分の体が人の業を吸うから……　理も分からずに手を当ててはいかん、と臍から教えられた。みんな「手」に徳を天から戴いている。……臍から元々　徳を戴いている……**さする　さする　サスル　自分の手で体を摩**

る　サスル　撫《な》でる　撫でる……これ理と法……。みんな　やったら病は　消える……消える……消える。（土田シズヲは　M教で二〇年間　浄霊をしていました。その方は　夫が女を囲ったのを機にM教に入信しました。（明断で　貴女は　女としては愛情はあります。しかし「女の要素」が欠けております、と指摘されていた。これを治さずに宗教に走った）。M教で一生懸命に手を当てて人助けをしている間に、他人の業を吸って自分の指がロウソクのように細くなってしまった。他人の業を吸う……それをね　理を説いて辞めさせました。）貴方さんは　自分の頭で病の原因を　掘ったら良いでしょう。業を掘るのです。身上　事情が生まれるには訳がある。身上を機に己の業を知り詫びるのです。

八　病についてお伺いする。

町野　『臍は天の座である』を拝読して、臍が体の中心であり、臍……神経の中枢が浄まるようにお祈りをして浄霊すれば、病気が治るような気がしてお伺いしました。

おやかた様　あのね……病になるには　訳がある。**心の埃が積もると身上　事情を臍が与える。そこで病の因を掘り、詫びて正す。それをせねば更に重くなる。……心の埃をそのままにしている**

と　やがて業となる。……それが　みたまを汚す。それは前生（先祖）からの汚れもあるから難しい。泥棒をする奴は　前生もした。女に　だらしがない奴は前生も同じ因縁……人は　因縁を繰り返している。……國が　危ない時に……病に手なんか使わないでもよい。理に照らして「一喝」せよ。手なんて当てなくともよい。「理が狂っているから病に成るのだ馬鹿者」と怒鳴っちゃえ！一喝してもよいお年頃ごろで　いらっしゃいます。しかし　今の貴方は　相手の急所を言えない……　貴方さんには　言えない寂しさがあります。今に　分かります……それは　理を知らないから無理でございます。こんな悪い人間に手を当てるのは　ケガワラシイという思いがある。……貴方の腹の奥に強者が居る。……只今は　良い人ですね。しかし　よい人ばかりではイケマセン。いい人だけでは　天は受け取りません。いい人だけでは　相手をコナゴナにしてしまいます。相手の業を見過ごしてしまいます……だから　業の者を一喝する……業をお詫びさせる……業を果たさせる……そうでなければこの者は助からん。その為に怒っても良い……怒っても良い位　貴方さん修行せよ！とこう申します。（終）

注　故人なので仮名とさせて頂いた。

後書き

エントロピー学会が、昭和五〇年四月、法政大学で開かれた。ある教授が「……このまま環境汚染が拡大するならば、地球上の高等生物は一〇〇から一五〇年位で生存できなくなるであろう……」他の会場では「……CO_2の増加が進むならば都市の温度は四〇から四五℃位にと上昇するであろう」と報告された。他方、筆者は、農業経済を研究していた。農の貧困と克服がテーマであった。

昭和三六年、農業基本法が東畑精一教授らを中心に指導されていた。規模拡大、選択的拡大を目指し「小規模な家族農業」から脱皮させ工業のような合理的経営をめざそう、と言うものであった。農の特徴は、家畜、作物との有機的結合であり生態循環である。それを稲作だけに特化する。酪農だけに規模拡大して他は捨象するのが合理的経営である、と言うような政策であった（この政策は、令和五年現在、大失敗し農業の崩壊を招いている）。工業は、一方的拡大だけでイノベーションが可能である。しかし、その方式は、CO_2を排出し地球温暖化を生み出す事になった。エントロピー学会は、歴史上始めて、工の負なる部分を尺度として経済を分析したのであった。この負なる部分が、今や地球沸騰化時代を生み出し人類の危機をもたらしている。

　エントロピー視点より工と農の原理の違いに気付いた頃、国見裕が、あたらしい道に入門していた。氏とは、シュンペーター経済学の研究会で一緒であった。彼は「人の本当は　みたまである。それは、理の通り歩む事を求める」と話された。ある時、このような高度経済成長政策を歩んでいると人類は一〇〇年位で限界に来るのではないか？」と話した。氏は「……だから　あら　あら一〇〇年なんだよ……」と答えた。名も知らない団体がこのような思想を持っている事に驚いた。この話から六年後、場を訪れ「御明断」を戴いた。

　その中で「……お前さんは國を憂いているのでしょう……その通りなんですよ……世直り國替えは　天の理によって成されるのです……」と教えられた。しかし本部では「あら　あら一〇〇年」を論じている者は居なかった。ある先輩は「あれは、おやかた様の比喩や」ある幹部からは「……外では、これを言うな！」と釘を刺された。場には様々な人が居て落胆した。

　昭和五九年五月一日、「……お前さん（のみたま）は　この道の全てをご存じの筈です……」と、お仕込みを戴いた。

　そして、おやかた様の最期のお仕込みは「この道の本願は　世直り國替えでございます。お前さん……この國を抱っこせよ　頼む　頼む　頼みます」と言うものであった。（平成元年一〇月一日）

欲望が拡大しすぎて「自然順応」を忘れた人々に対して「越すに越せない日を与える」。天のお灸をすえて正気にさせる。眠っていた「みたま」を覚まし「理の通り歩む日本人に建て替える」。これが天の段取りのようである。

尚、筆者は昭和五九年より道の季刊誌の編集にたずさわった。四〇年間、多くの道友と対談する事が出来た。御明断とお仕込みは個人を台として理が垂らされる。それを前回は『臍は天の座である』と言う題で本にした。今回は「世直り國替え」をテーマに纏めた。もし誤りがあれば、一切本部に関係ありません。これは、私個人の責任に帰するものです。

令和五年一二月八日　内藤　勝

《著者紹介》

内藤 勝

昭和19年2月15日　千葉県下総町生まれ
日本大学大学院農獣医学部農学科博士課程修了
武道学園剣道部師範科卒業
明治神宮・至誠館門人・剣道七段
小野派一刀流・礼樂堂門人・免許皆伝
元嘉悦大学教授　担当：農業経済、環境経済
元嘉悦大学剣道部師範
昭和58年　あたらしい道・道友

〈著書〉

『日本農法と有機農業』高文堂出版社
『自然と人のための経済学』高文堂出版社
『物質循環とエントロピーの経済学』高文堂出版社
『日本農法と立体化の理論』高文堂出版社

〈共著〉

『米の理』神光社
『歓談・臍は天の座である』創英社／三省堂書店
『日本農法再編の論理』高文堂出版社

地球沸騰化《ちきゅうふっとうか》時代を生きぬく
——世直《よなお》りの秋《とき》が来た——

2024年6月30日　初版発行

編　著　者　内藤 勝

発行・発売　株式会社 三省堂書店／創英社
〒101-0051　東京都千代田区神田神保町1-1
TEL：03-3291-2295　FAX：03-3292-7687

印刷・製本　大盛印刷株式会社

ISBN978-4-87923-258-8 C0014